HISTOIRE DE LA MODERNITÉ

Dernières parutions du même auteur

ESSAIS

Une brève histoire de l'avenir, Fayard, 2006 (nouvelle édition, 2009).
La Crise, et après ?, Fayard, 2008.
Dictionnaire amoureux du judaïsme, Plon, 2009.
Le Sens des choses, avec Stéphanie Bonvicini et 32 auteurs, Robert Laffont, 2009.
Survivre aux crises, Fayard, 2009.
Tous ruinés dans dix ans ? Dette publique, la dernière chance, Fayard, 2010.
Phares : 24 destins, Fayard, 2010.
Demain, qui gouvernera le monde ?, Fayard, 2011.
Candidats, répondez ! Précis à l'usage des électeurs, Fayard, 2012.
Urgences françaises, Fayard, 2013.
Avec nous, après nous… : apprivoiser l'avenir, avec Shimon Peres, Fayard, 2013.
Devenir soi : prenez le pouvoir sur votre vie, Fayard, 2014.

BIOGRAPHIES

Blaise Pascal ou le Génie français, Fayard, 2000.
Karl Marx ou l'Esprit du monde, Fayard, 2005.
Gandhi ou l'Éveil des humiliés, Fayard, 2007.
Diderot ou le Bonheur de penser, Fayard, 2012.

MÉMOIRES

Verbatim, 1981-1991, 3 vol., Fayard, 1993-1995.
C'était François Mitterrand, Fayard, 2005.

LITTÉRATURE

La Confrérie des éveillés, roman, Fayard, 2004.
Du cristal à la fumée, théâtre, Fayard, 2008.
Notre vie, disent-ils, roman, Fayard, 2014.

Jacques ATTALI

HISTOIRE DE LA MODERNITÉ

Comment l'humanité pense son avenir

Champs essais

ISBN : 978-2-0813-5796-9

Penser la modernité et son histoire est d'une redoutable urgence. Parce que, de tout temps, la modernité désigne implicitement la conception qu'une société se fait de son avenir, de ce qu'elle y imagine, de ce qu'elle en souhaite, de ce qu'elle y refuse ; penser l'avenir de la modernité, c'est donc penser l'idée qu'on se fera, à l'avenir, de l'avenir. Tâche particulièrement fascinante, puisqu'il s'agit, très concrètement aujourd'hui, de penser, par exemple, la façon dont, en 2030, on pensera, rêvera, s'imaginera, construira, combattra le monde de 2060.

La raison d'être de ce livre n'est donc pas seulement de raconter l'histoire, passionnante, d'un concept sans cesse changeant, enjeu de toutes les grandes batailles politiques et artistiques, mais de se servir de cette histoire pour comprendre comment à chaque étape de l'histoire, jusqu'à aujourd'hui, on pensait et préparait l'avenir. Pour en déduire la façon dont on le fera dans les temps futurs.

En a-t-on besoin ? Sans doute : les idées qu'on se fait de l'avenir le façonnent. Les idées qu'on se fera plus tard de l'avenir le prépareront et détermineront le chemin que prendra l'humanité.

Les sept avenirs de l'avenir

Après le règne de trois modernités (celles de l'Être, de la Foi et de la Raison), la question semble aujourd'hui définitivement réglée : sur la majeure partie de la planète, pour la plupart des hommes, la modernité s'identifie, et s'identifiera de plus en plus, à l'occidentalisation. Non que cela signifie une victoire de l'Occident. Bien au contraire : d'une part, parce que l'appropriation par d'autres de ses valeurs devenues universelles – et en particulier le droit à la liberté individuelle – privera l'Occident de sa spécificité, et de son avance. D'autre part parce que, en Occident autant qu'ailleurs, beaucoup de gens mèneront une lutte acharnée contre cette conception de la modernité et cette direction de l'Histoire. Ils reprocheront en particulier à l'occidentalisation de violer leurs principes moraux et religieux, de détruire les spécificités culturelles, de dévaster la nature, de « marchandiser » toutes les relations sociales, y compris l'homme lui-même, en le transformant progressivement en artefact, dans une « hypermodernité », où la prothèse sera la mesure de la modernité.

Les adversaires de cette hypermodernité inventeront six autres projets d'avenir, six autres modernités.

Cinq d'entre elles (nostalgique, instantanée, théologique, écologique, ethnique) seront, par nature, incompatibles à terme avec la liberté individuelle et échoueront devant cette irrépressible revendication ; et on en reviendra à l'hypermodernité et à ses délires.

Une seule, à mon sens, altruiste, peut permettre à l'humanité de préserver à la fois son identité, sa créativité et sa liberté et de constituer un projet d'avenir durable. Le chemin pour y parvenir est très étroit. Mortellement étroit.

Brève histoire de la modernité

Suivre les méandres des divers sens de la modernité dans les diverses civilisations, dans les diverses langues, tout au long de l'Histoire, c'est traquer, aux meilleurs endroits, les secrets de la condition humaine. C'est discerner la façon dont chaque groupe humain pense ce qu'il rêve de devenir, dans le temps et dans l'espace, en combattant ce qui semble pouvoir lui nuire ; en valorisant ce qui est conforme à son utopie. C'est aussi en déduire les évolutions des valeurs, des idéaux, des esthétiques, des sujets d'indignation, des conceptions du progrès, des organisations économiques, des entreprises, des systèmes politiques, des mœurs, des esthétiques ; et plus prosaïquement, des façons de manger, de se vêtir, de se déplacer, de se loger, de travailler, de se distraire, d'aimer, de séduire, d'être heureux.

Cette réflexion est loin d'être inutile ; nul ne peut garantir qu'aucune des valeurs auxquelles nous tenons et que nous considérons comme définitivement acquises (y compris la démocratie, la liberté individuelle ou les droits de l'homme) resteront des valeurs d'avenir. D'autres pourraient, en certaines circonstances, les remplacer, dans l'imaginaire et le réel.

À chaque fois qu'un nouveau groupe arrive au pouvoir, il n'admet comme « modernes » que les changements qui préparent la société dont il rêve, renforcent son pouvoir et l'installent dans la durée. Il définit alors, et impose, un « nouveau », préférable à un « ancien ».

L'art d'une époque (de la peinture à la littérature puis au cinéma et autres formes nouvelles), en général financé par ces mêmes élites dominantes, est le reflet de leur audace, de leurs projets pour l'avenir. Il incarne mieux que bien d'autres dimensions de la société, la conception dominante de la modernité.

Une société dont la « modernisation » est le but explicite de ceux qui la dirigent a une vision claire de son avenir, liée à ce qu'il y nomme le « progrès ».

Pendant des millénaires, les sociétés préhistoriques se sont voulues répétitives, de peur que tout changement soit porteur de mort. Les hommes espéraient, sans en être assurés, le retour du soleil chaque matin, de la pluie chaque automne, des premières pousses chaque printemps. Rien ne les inquiétait plus que le changement. La modernité, c'était donc, pour eux, le retour du même. Était moderne ce qui était stable.

Leurs cosmogonies, comme leur art, aussi génial était-il, faisait l'apologie de cette utopie.

Puis, le neuf au service de l'individu est devenu une valeur positive, avec les premiers progrès techniques : le feu, la pierre taillée, puis polie, le levier, la roue et le passage du nomade au sédentaire, de la campagne à la ville.

C'est d'abord dans le monde des nomades du Proche-Orient et des marins de la Méditerranée, inventeurs de l'agriculture et de la ville, qu'il a été considéré comme une opportunité. L'avenir permet d'espérer réduire la peine des hommes, de retarder le moment de leur mort, de mieux vivre. L'être humain se dégage du groupe. L'homme devient précieux en soi. C'est la modernité de l'Être.

En particulier, le monde hébraïque puis le monde grec font, chacun à leur façon, l'apologie du nouveau.

Dans le monde juif, peuple du désert, un des premiers sans doute (en tout cas le premier dans ce qui deviendra l'Occident), le nouveau est bienvenu lorsqu'il aide chacun à participer à la réparation du monde, mission des hommes sur la Terre, condition de la venue du Messie et de la résurrection des morts. Le meilleur de l'avenir, pour eux, est d'accéder à l'immortalité en réparant le monde.

Dans le monde grec, constitué de peuples de la mer qui reçoivent et assimilent mieux que quiconque tout ce qui vient d'ailleurs, le nouveau est aussi bon en soi, parce qu'il offre à chaque être, ou plutôt à chaque citoyen, de nouvelles sources de beau, de plaisir et de confort.

Le monde romain, société militaire centralisée, reprend à son compte, après leurs défaites, une partie de l'héritage des mondes juif et grec. Innovation majeure : l'armée est puissante. Et l'urbanisme fait des progrès spectaculaires.

D'abord à l'intérieur même de l'Empire romain, puis au-delà, une secte juive hellénisée, le christianisme, impose bientôt un autre regard vers le mieux : l'avenir n'est plus ici-bas : il est dans la Rédemption et la Résurrection. Alors que la richesse matérielle était vue dans le monde judéo-grec comme une bénédiction, elle devient une malédiction. Est moderne celui qui se dépouille de ses biens au profit de l'Église. C'est la modernité de la Foi.

Le christianisme reprend alors la force du monothéisme, la ductilité du polythéisme, la puissance de la centralité. Ce n'est plus l'Être qui compte, mais le groupe. Ce n'est plus la liberté ni la raison de l'individu qui l'emporte, mais celle de l'Église qui abrite, protège, en échange de la Foi et du service. Les seigneurs organisent le servage à leur profit et à celui de l'Église.

Cette modernité tiendra, en Europe, plus de mille cinq cents ans.

Au XIIe siècle, débute en Italie et en Europe du Nord une révolution agricole et industrielle. Les marchands, les bourgeois, commencent à produire autrement. Le salariat voit le jour. Les bourgeois veulent un autre art ; ils financent des beffrois, qui concurrencent les clochers. L'architecture, la musique et la littérature s'intéressent à d'autres sujets que le religieux. Les peintres s'essayent aux portraits de bourgeois ; et même, audace suprême, aux paysages.

À partir du XVe siècle, la découverte des Amériques, l'imprimerie et la comptabilité engendrent dans l'Europe réformée et dans quelques ports italiens, ce qu'on appellera bien plus tard « l'Europe des Temps modernes ». Le marchand et l'artisan prennent le pas sur le paysan. Le continent déplace bientôt son cœur de Venise vers les Provinces-Unies.

Dans l'essentiel de l'Europe catholique, on nomme « Modernes » ceux qui croient encore à la modernité de la Foi et pensent que l'avenir n'est que dans la Rédemption ; et on nomme « Anciens » ceux qui veulent seulement un retour à la raison des Grecs.

Peu à peu, en Europe du Nord comme en Italie, se forme une nouvelle idée de la modernité, qui n'est ni chrétienne ni grecque. Ce n'est plus la modernité de l'Être, ni de la Foi, mais celle de la Raison. Ces « nouveaux Modernes » s'intéressent aux changements techniques et scientifiques, s'éloignent des valeurs chrétiennes et ne considèrent pas pour autant la pensée grecque comme seule source valable d'inspiration. Cette « nouvelle modernité » croit au progrès, au marché et à la liberté. L'avenir de l'avenir, c'est alors l'expansion de la liberté de commercer, de penser, de posséder, d'échanger, de voter.

Elle commence aux Pays-Bas, puis en Grande-Bretagne, par la Révolution industrielle ; en Amérique par une guerre d'indépendance ; et enfin en France, par une révolution politique.

C'est en français, au début du siècle suivant, le XIXe, qu'apparaît pour la première fois le mot « modernité », sous la plume de Balzac. Le terme désigne une époque, une civilisation et une conception de l'avenir, mêlant liberté individuelle, droits de l'homme, rationalisme, positivisme, foi dans le progrès technique et l'industrie. La modernité est conquête. On en cherche le moteur. Pour Auguste Comte, c'est la science ; pour Saint-Simon, l'industrie ; pour Marx, la lutte des classes ; pour Tocqueville, l'égalisation des conditions sociales et la démocratie, pour Max Weber, la rationalisation.

À la fin du XIXe siècle, ce nouveau sens de la modernité est à son tour contesté ; d'abord par les socialismes de Fourier, Proudhon et Marx. De nouvelles formes de modernité de la Raison apparaissent alors, qui imaginent et visent à faire naître un homme nouveau, débarrassé de l'aliénation et de la dictature de la propriété privée.

Puis un autre type de contestation commence avec Nietzsche, sous le nom de « nihilisme », qu'on nommera plus tard, faute de mieux, « postmodernisme ». Elle s'accompagne des mêmes grincements dans la musique et la peinture. Ce n'est pas l'annonce d'un changement du sens de l'avenir, mais l'intuition que le XXe siècle sera celui des échecs de l'Être, de la Foi et de la Raison.

Puis, à partir des années 1950, on assiste au retour triomphant du projet de la raison. Après avoir fourni aux hommes les moyens de leurs voyages (train, voiture, avion) et de leur violence (les armes), puis aux femmes les moyens d'accomplir avec moins de peine leurs tâches ancestrales (laver, soigner, nourrir), la démocratie marchande tente désormais de satisfaire les besoins des enfants (se distraire, apprendre) avec des objets de consommation. Et plus encore, elle vise à transformer les adultes en enfants, à satisfaire leurs caprices, ne plus leur imposer de règles, flatter leurs désirs quels qu'ils soient, les laisser s'endetter sans limites et les autoriser à ne plus respecter les contraintes de la vie commune.

Cette modernité devient alors si prégnante, si tyrannique, si changeante, qu'elle se confond avec l'obsession du neuf et qu'elle s'efface même devant l'instant, sous le nom de « contemporain ». L'avenir est une succession de présents, sans aucune signification autre que leur différence, même marginale, avec le précédent. Sans aucun sens. Comme si l'accélération des changements servait à donner l'illusion d'un allongement infini de la durée de la vie.

Aujourd'hui, presque partout dans le monde, et malgré ces troubles, être moderne, c'est disposer des mêmes moyens que ceux dont disposent les habitants les plus heureux et les plus libres des pays occidentaux ; c'est-à-dire des moyens matériels nécessaires pour travailler, entreprendre, manger, boire, se soigner, apprendre, se loger, s'instruire, être propre ; et de moyens politiques nécessaires pour se libérer des contraintes politiques, des tabous, des préjugés, des règles ancestrales, qui bloquent encore le développement des femmes, des hommes et des enfants. La modernisation, c'est donc l'acceptation comme projet d'avenir de la raison et de ce qui en découle : le progrès technique, l'innovation, la liberté individuelle, les droits de l'homme, le marché et la démocratie.

Demain, qu'est-ce qui sera moderne ? Quel sera le sens de l'avenir ? Plus encore de raison ? De liberté individuelle ? Plus encore de droits ? Ou, au contraire, plus de devoirs et de responsabilités ? Plus de changements ou plus de stabilité ? Plus de vitesse ou plus de lenteur ? Plus d'industrie ou plus de services ? Voudra-t-on vivre plus longtemps ou vivre mieux ? Voudra-t-on plus de nature ou plus d'artefacts ? Plus de Foi ou d'Être ? Quel sera l'art de la modernité à venir ? Quelles en seront les mœurs, les modes, les combats, les amours ? Quel sera le projet d'avenir de chaque homme, de chaque peuple, de l'humanité ? Peut-on le deviner, à la lecture des aspirations et des arts du présent ?

Pour l'essentiel, la conception occidentale actuelle de la modernité s'imposera sans doute pour longtemps : ceux, encore ultra-majoritaires en Occident, et de plus en plus nombreux ailleurs, pour qui l'individualisme reste l'objectif parce qu'il est libérateur, s'identifieront au modèle de développement européen et américain des deux derniers siècles ; ils rechercheront des mœurs de plus en plus libres et des pratiques de plus en plus rationnelles. Être moderne sera encore s'enrichir et jouir plus longtemps de la vie. Une vie prolongée à tout prix, grâce aux prothèses externes, puis internes – mécaniques, chimiques, génétiques, numériques. Beaucoup plus tard, par l'artificialisation de la vie et l'unification des fonctions sexuées, l'homme se transformera peu à peu en artefact fabriquant et marchand d'artefacts. On nommera cela « hypermodernité » ou modernité de l'artefact.

D'autres considéreront au contraire que la modernité d'aujourd'hui a fait son temps ; que l'Occident épuisé court à une catastrophe éthique, financière, écologique, technologique et esthétique ; que la raison a failli. Certains affirmeront qu'il est impossible de prédire ou de vouloir un avenir, qui ne peut être qu'une succession de présents imprévisibles. Ils se diront « amodernes ».

Pour d'autres encore, la meilleure utopie pour l'avenir sera un retour aux valeurs fondatrices des cultures antérieures, à la modernité de l'Être ou de la Foi. Ces « rétromodernes » en viendront à prôner un fondamentalisme religieux, un totalitarisme écologique ou une pureté ethnique. « Théomodernité » « écomodernité », « ethnomodernité ».

Pour d'autres enfin, la modernité occidentale devra être dépassée par une forme d'éthique renouvelée, laïque ou religieuse, fondée sur l'altruisme, le refus de l'égoïsme, la prise en compte du long terme dans les choix. On pourrait la nommer, pour en rester au même vocabulaire, l'« altermodernité ». En découleront de nouvelles formes d'organisation de l'entreprise, de l'économie, de la société, d'idéologies, de mœurs, d'art, de modes de vie, de façons de travailler, créer, se distraire, aimer, de faire de la politique.

L'altermodernité est à mon sens la seule issue positive du piège dans laquelle l'espèce humaine s'est engagée depuis qu'elle a décidé de prendre son destin en main et de ne plus se contenter d'un monde répétitif. Elle est possible, et peu probable. L'art jouera un rôle essentiel dans son avènement ou son échec.

De la confrontation entre ces diverses conceptions de la modernité et des forces qui les servent dépendent la nature du monde en 2030, la façon dont, à cette date, on pensera, préparera, produira, combattra celui de 2060. Et au-delà.

1

Naissance du désir de neuf : la modernité de l'Être

Jusqu'au IIIe siècle de notre ère

Pour qu'il y ait nécessité, dans une société, de désigner une modernité, il faut pouvoir y distinguer l'avenir du présent et du passé, et y avoir l'idée d'un avenir qui pourrait être meilleur que le présent et le passé. Meilleur même que le meilleur du présent et du passé. Il faut donc y concevoir un progrès matériel, institutionnel ou idéologique. Plus précisément, il faut que le groupe dominant se dote d'un projet d'avenir.

Or la plupart des premières sociétés humaines, aussi loin qu'on remonte dans le temps et autant qu'on puisse le savoir, sont organisées autour de l'obsession de la préservation du même, de la répétition du cycle, de l'éternel retour, condition de leur survie et de leur stabilité. En tant que groupe, car l'individu ne compte pas encore. La raison d'être de l'Histoire, c'est sa propre négation. On souhaite que le soleil revienne chaque jour ; que la lune obéisse à des cycles précis, vite identifiés ; que la pluie revienne chaque saison, que les animaux poursuivent le même cycle de vie, pour être chassés ; puis les plantes, pour être récoltées.

Dans ces sociétés, rien n'est plus dangereux que ce qui vient remettre en cause ces rythmes, ces équilibres, ces périodicités et ces lois ; le nouveau est un péril, l'individu est dangereux. Le progrès n'y est pas imaginable. Le neuf, c'est la mort. L'Histoire n'existe pas.

Premières innovations, modernité de l'Être

À un moment, dans la longue histoire de l'*Homo sapiens*, les hommes ne se contentent plus de l'évolution chaotique des tribus. Ils commencent, devenus *sapiens sapiens*, à vouloir vivre mieux, faire mieux et plus, avec moins d'efforts. Ils veulent être. Ils veulent conquérir, accumuler. Ils provoquent, il y a 300 000 ans, 100 000 ans, 12 000 ans, 10 000 ans, 7 000 ans, 3 500 ans, d'immenses mutations avec l'invention du feu, du vêtement, de la chaussure, de la roue, du polissage de la pierre, du levier, de l'arc, de l'agriculture, de l'élevage, de l'irrigation, de la brique, de la métallurgie, de la ville, de l'écriture.

En particulier, le vêtement est un progrès majeur, qui transforme profondément le rapport de l'homme à son environnement. Il est même, avec la chaussure, une des premières caractéristiques qui distingue l'être humain de l'animal et, par son changement régulier, la marque originelle de son désir d'être. La première manifestation d'une première modernité. Durant le Nouvel Empire égyptien, il y a 3 500 ans, les vêtements commencent même à se distinguer selon le rang social. Les modes évoluent rapidement, pour les hommes et les femmes, hormis certains uniformes, comme celui du vizir, qui restent stables. Le grand ethnologue André Leroi-Gourhan, qui a étudié ce qui reste aujourd'hui de ces peuples premiers, écrit à ce propos dans *Milieu et Techniques* : « Tous les peuples, pour peu qu'on les ait suivis pendant un demi-siècle, accusent des variations considérables et rapides. Exactement comme chez nous, le pagne monte ou descend des chevilles au genou, le rouge est en vogue pour un temps, les ceintures se portent plus larges ou plus étroites, et les baguettes qu'on se passe en travers des narines sont tantôt plus seyantes en os qu'en bois poli, tantôt plus classiques ou excentriques si elles sont courtes ou longues. » La mode vestimentaire dit l'Être. On verra que, tout au long de l'Histoire, elle est un signe révélateur de l'évolution du concept de modernité.

D'autres changements sont aussi en œuvre, comme la prise de conscience du rôle de la sexualité dans la reproduction, longtemps inconnue et même niée. D'innombrables cosmogonies maintiennent longtemps cette négation pour les naissances divines : le propre des dieux est de naître sans relation sexuelle entre des géniteurs, par une sorte de clonage théologique à partir d'autres dieux, qui leur assure l'immortalité. On comprendra, au fil des chapitres, l'importance de l'évolution de la relation entre sexualité et reproduction dans les mutations de la conception de l'avenir et de la modernité.

Les premières cosmogonies qui nous sont parvenues, égyptiennes ou assyriennes, tournent toutes, telle l'épopée de Gilgamesh, autour de la vaine quête par l'homme de l'immortalité ; et de la nécessité pour ce dernier de se résigner à son destin de mortel, en tentant de plaire aux dieux. Là encore, on verra que toutes les formes de modernité dans l'Histoire renvoient, d'une façon ou d'une autre, au rapport d'une société avec l'avenir le plus lointain, c'est-à-dire avec le rêve de l'immortalité.

L'univers judéo-hellène : naissance de l'Être

Il faut en arriver à la pensée hébraïque, puis hellénique, pour voir surgir, et théoriser, l'acception du neuf comme une valeur au service de l'individu. Peuple hébreu et peuple grec inventent séparément, en voisins, une première conception de la modernité, chacun dans une bataille pour se libérer d'un oppresseur ou d'un ennemi. L'Hébreu contre l'Égyptien. Le Grec contre le Troyen. Dans les deux cas contre un adversaire qui a remis en cause leur identité, leur être.

Pour l'un et l'autre peuple, le temps ne se répète plus de manière cyclique, mais s'écoule de façon linéaire. Pour l'un comme pour l'autre, depuis les temps les plus reculés, l'homme existe en tant qu'individu. Il avait à l'origine accès à la perfection rassurante d'un monde répétitif dans lequel il était immortel. Par suite d'une faute, il en a été exclu et tente d'y revenir. Le temps prend alors un sens, celui de l'accumulation des savoirs, des libertés, des connaissances, des richesses, des œuvres d'art. Si l'avenir reste plein d'incertitudes et de menaces, il est aussi riche de promesses. Le déviant n'est plus considéré comme nécessairement dangereux. Mais comme acteur du progrès, pour la maîtrise de l'Être, la reconquête de l'immortalité perdue.

Ces deux histoires sont écrites séparément, dans deux formes scripturales très voisines, avec deux alphabets presque identiques (dont le premier est protosinaïtique, c'est-à-dire en fait hébraïque, seize siècles avant notre ère, soit sept siècles avant le second). L'alphabet, invention majeure, est la clé de voûte de cette première forme de modernité : il permet d'écrire plus vite, donc à plus de gens, et ainsi d'accumuler et de transmettre plus facilement un savoir, une histoire, des techniques.

La modernité juive dans la transgression

Les Hébreux racontent l'histoire des hommes, d'Adam à Abraham et Moïse, comme un lent progrès vers la liberté de l'être humain, après une chute qui leur a fait perdre l'immortalité et leur a imposé des lois rigoureuses, sur un chemin semé d'embûches.

L'humanité ne commence, raconte la Genèse, que parce que l'homme transgresse les interdits ; et elle se poursuit avec bien d'autres transgressions des lois édictées par Dieu. L'Être apparaît par la désobéissance. Le mot *hever* (qui va donner « Hébreu ») veut d'ailleurs dire à la fois « frontière » et « transgression ». En hébreu, le mot *kodesh*, qui signifie « mois » (lunaire), désigne aussi le neuf, car la lune se renouvelle. Et si, dans le *Qohelet*, il est écrit : « Rien de nouveau sous le soleil », c'est justement parce que le nouveau est au-dessus du soleil : la liberté, c'est de sortir du cadre, d'être déviant. Tout le texte de la Torah fait l'apologie de la déviance. L'homme, libre, est d'ailleurs protégé par des lois divines des risques que lui font courir ses propres passions. La vie de chaque être devient sacrée. On abandonne la pratique des sacrifices humains. Le travail prend son sens et sa valeur.

Pour la première fois, dans la Torah, il est question du travail des paysans, qui nourrissent des guerriers ; des artisans qui forgent les armes et construisent les navires ; des marchands qui les assistent. Pour la première fois, le travail est honoré plus que la guerre : « Tu ne tueras point » et « Tu travailleras six jours et le septième tu te reposeras ». Être moderne, c'est respecter la vie et exercer un métier, pour échapper à la rareté. Le produit du travail, ou ce qu'on peut en obtenir, est protégé : « Tu ne convoiteras pas la femme de ton voisin, ni ses serviteurs, ni son bœuf, ni son âne, ni rien de ce qui lui appartient », il doit pouvoir s'accumuler, et être transmis. Pour y parvenir, l'homme doit utiliser la raison, étudier rationnellement le monde, le corps humain – et l'univers.

C'est le sens premier de ce désir de neuf : non pas changer pour changer, mais pour amasser, transformer, améliorer, dans l'intérêt de l'homme, le monde que Dieu a laissé imparfait en se retirant. Pour faire de la forêt un jardin. Pour explorer les potentialités de l'Être.

Au temps des Patriarches et à celui des Juges succède celui des Rois. Là commence l'Histoire, sous le contrôle des hommes ; car les rois sont des hommes et ils n'avancent que dans la transgression des lois que Dieu leur a données.

La modernité grecque : être libre et rationnel

Pendant que Moïse libère son peuple de l'esclavage en enfreignant toutes les règles de sa vie passée, Ulysse, raconte Homère, part libérer Hélène de son amour coupable. Ces deux voyages, s'ils ont eu lieu, sont contemporains. Le Grec, comme l'Hébreu, ose, voyage, et l'emporte, établissant lui aussi la supériorité du nomade sur le sédentaire, de l'individu sur le groupe.

Pour les Grecs comme pour les Hébreux, les hommes ont chuté. Chez les Grecs, ils sont passés de l'âge d'or à l'âge de bronze (celui des héros de l'*Iliade*) puis à l'âge de fer (l'âge présent) et peuvent espérer en un futur meilleur, un nouvel âge d'or, dont la poésie d'Hésiode rend magnifiquement compte. Le neuf devient aussi, comme chez les Hébreux, une idée positive : l'avenir de chaque être humain est potentiellement meilleur que son présent.

Mais les différences entre les deux conceptions de l'avenir sont considérables : alors que le monothéisme apporte l'idée de l'unité du projet divin, dont l'homme est l'image, et d'un Dieu qui aime les hommes, et les conduit vers la résurrection, le polythéisme grec est fait de dieux qui méprisent les hommes, s'en moquent et jouissent du spectacle de leurs passions. Les dieux sont libres. Les hommes ne le sont pas ; ils tentent de le devenir mais sont toujours rattrapés par le destin, c'est-à-dire la finitude. L'essentiel est là : la liberté de l'être, c'est aussi celle de faire le mal, et de vivre des passions. La loi n'est plus celle de Dieu, mais celle des hommes. L'être humain acquiert de l'indépendance, pour son bonheur et son malheur.

Autre différence notable entre les deux peuples : alors que chez les Hébreux, la sexualité reste liée à la reproduction, chez les Grecs, elle est orientée vers le plaisir, remède à la tristesse et à l'insatisfaction. Source de passion, de joies et de peines. Pour les premiers, le bonheur n'est pas une finalité ; elle l'est pour les seconds. Pour les premiers, la beauté n'est pas spécialement célébrée. Pour les seconds, elle est tout. Les premiers sont indifférents à l'image. Les seconds établissent les canons de la sculpture, de l'architecture, du théâtre, de la musique.

Ce dialogue entre la pensée juive et la pensée grecque construit peu à peu un système de valeurs, une utopie sociale, glorifiant l'individu, l'accumulation de connaissances, l'amélioration du monde matériel, la liberté d'être et de penser. Avec toujours, en arrière-plan, la forme suprême de la liberté : le projet fou d'échapper à la contrainte de la mort. Être moderne, c'est déjà, et ce sera encore et toujours, en dernière analyse, conquérir l'immortalité.

Au Vᵉ siècle avant notre ère, les Grecs – les Athéniens en particulier – se pensent ainsi comme les premiers peuples civilisés, inventeurs de la ville, avec ses citoyens, entourés de Barbares. Ils veulent affirmer qu'ils sont libres, ou qu'ils peuvent le devenir, et se soustraire aux caprices des dieux. Dans le langage d'aujourd'hui, on dirait : « Être moderne, c'est être libre. Et la modernité consiste à le devenir. » Et pour cela, malgré leurs défaites face aux Perses, les Athéniens se pensent émancipés et précieux. D'abord, les sophistes, dont Protagoras, placent l'être humain (du moins l'homme grec, ce qui exclut les femmes, les esclaves et les Barbares) au centre de l'univers : « L'homme est la mesure de toutes choses : de celles qui sont, du fait qu'elles sont ; de celles qui ne sont pas, du fait qu'elles ne sont pas ». Pour eux, toute idée doit à la fois être critiquée et soutenue : la liberté de penser et de s'exprimer est érigée en valeur absolue. Puis Platon établit une distinction entre les concepts et leurs manifestations, ce qui rend possible la formation du discours de la logique, lui-même condition de l'accumulation des connaissances : l'idée est invariante et éternelle, alors que les phénomènes (les choses, les faits concrets) sont éphémères et changeants. L'idée peut être véhiculée, transmise ; elle est le concept, distinct de ses manifestations matérielles. Aristote, précepteur d'Alexandre le Grand, en déduit que le monde des idées est régi par la logique, qui peut organiser l'ensemble des connaissances, autour de l'« Intellect agent » ou du « Premier moteur », autres noms de Dieu.

Les philosophes, c'est-à-dire les amoureux de la logique, débattent alors de la nature de la matière et de la question de savoir si les atomes sont des points géométriques, s'ils ont une couleur, une saveur, une odeur, s'ils sont sécables, divisibles à l'infini ou créés comme tels, par un « façonnier », un unique dieu.

Le désir du neuf, pour chaque individu, est partout. Dans les mœurs, dans la liberté de parler, dans la façon de s'habiller. Avec cette acceptation du nouveau, vient ainsi la mode, première forme visible du moderne, qui valorise le changement vestimentaire, comme une façon pour chacun de marquer sa différence, d'être. Au même moment, les artistes grecs produisent, pour le compte des puissants, des œuvres d'art affirmant ces valeurs : la mathématique des proportions définit l'équilibre des formes et la beauté de l'être humain.

L'idée de la promesse d'un avenir meilleur de l'individu se propage. Sophocle, dans *Antigone* (écrit vers 440 av. J.-C., ce texte magnifique dit tout de la conception grecque de la modernité), trouve l'origine du progrès dans la glorification de l'être humain : « Beaucoup de choses sont admirables, mais rien n'est plus admirable que l'homme. Il est porté par le

Notos orageux à travers la sombre mer, au milieu de flots qui grondent autour de lui ; il dompte, d'année en année, sous les socs tranchants, la plus puissante des déesses, Gaïa, immortelle et infatigable, et il la retourne à l'aide du cheval. L'homme, plein d'adresse, enveloppe, dans ses filets faits de cordes, la race des légers oiseaux, les bêtes sauvages et la génération de la mer ; et il asservit par ses ruses la bête farouche des montagnes ; il met sous le joug le cheval chevelu et l'infatigable taureau montagnard, et il les contraint de courber le cou. Il s'est donné la parole et la pensée rapide et les lois des cités, et il a mis ses demeures à l'abri des gelées et des pluies fâcheuses. Ingénieux en tout, il ne manque jamais de prévoyance en ce qui concerne l'avenir. Il n'y a que le Hadès auquel il ne puisse échapper, mais il a trouvé des remèdes aux maladies dangereuses. »

Au même moment, le théâtre d'Euripide témoigne lui aussi de cette apologie de la liberté de l'être humain, en même temps que de la force de ses passions, qui aveuglent sa raison. Euripide n'a plus la foi de ses prédécesseurs, tel Eschyle, en la justice divine, ni celle de Sophocle en la justice humaine ; il décrit alors un homme soumis aux caprices du sort, à la tyrannie de ses désirs, à ses propres faiblesses, aux conflits intérieurs entre raison et passion ; ce qui conduit ses personnages (Médée, Phèdre, Hécube, Hermione, Électre, Agamemnon, Ménélas) à vivre intensément leurs amours, jusqu'au drame, dans la réalité la plus concrète.

Et c'est à propos du théâtre que, pour la première fois, commence un débat entre ce qu'on nommera bien plus tard l'« ancien » et le « moderne ». En 405 avant notre ère, après les morts d'Eschyle (en voyage en Sicile), Sophocle (à Athènes) et Euripide (en exil en Macédoine), un autre auteur de théâtre, Aristophane, dans *Les Grenouilles*, raconte que Dionysos, le dieu du théâtre, descend aux Enfers (dont les marais sont peuplés de grenouilles) pour en ramener un auteur tragique. Pour le choisir, il organise une dispute entre Euripide et Eschyle et reproche à Euripide d'utiliser des personnages d'un rang très modeste, de mettre en scène « des choses domestiques qui nous sont usuelles ou familières », « des femmes qui accouchent dans des temples, s'accouplent à leurs frères et disent que sans cela la vie n'est pas la vie ». Dionysos pèse ensuite les vers des deux poètes sur une balance et choisit Eschyle, qu'il renvoie dans le monde des hommes.

Un peu plus tard, ces deux histoires, celle du peuple juif et celle du peuple grec, celle de Moïse et celle d'Ulysse, se mêlent : des rabbins affluent dans le monde grec ; des philosophes grecs intègrent le monde juif. (Quinze siècles plus tard, Maïmonide expliquera d'ailleurs, preuves à l'appui, que l'essentiel de la pensée d'Aristote trouve sa source dans ses rencontres avec des théologiens juifs ; que la Genèse aurait inspiré la *Physique* et l'idée aristotélicienne de l'éternité de l'univers ; que le récit biblique du char céleste d'Ézéchiel aurait inspiré sa *Métaphysique*.)

L'un et l'autre des peuples se pensent alors sur leur terre pour l'éternité : les Juifs attendent le Messie à Jérusalem. Les Grecs font prospérer le savoir à Athènes. Illusion : l'un et l'autre sont bientôt vaincus par un conquérant plus puissant qu'eux, Rome, qui reprend à son compte le projet d'avenir judéo-grec. Ce n'est ni la première ni la dernière fois, on le verra, qu'un vaincu conquiert l'âme du vainqueur et lui impose, pour un temps, sa conception de la modernité.

À Rome, transformation de la modernité de l'Être

Le monde romain confirme et reprend à son compte la modernité grecque à travers sa cosmogonie, sa mythologie et les écrits de ses historiens, de Tacite à Tite Live, de ses poètes, de Virgile à Boèce, de ses philosophes, de Sénèque à Plotin qui, au IIIe siècle de notre ère, fait encore (dans les trois dernières de ses *Ennéades*, rassemblées sous le titre *Théologie d'Aristote*) l'apologie de la conscience de soi, de la grandeur de la vie individuelle (et de ce qu'on appellerait, dans le monde indien, « la pleine conscience »), de l'Être. « Souvent, m'éveillant à moi-même en m'échappant de mon corps, étranger à toute autre chose, dans l'intimité de moi-même, je vois une beauté aussi merveilleuse que possible. Je suis convaincu, surtout alors, que j'ai une destinée supérieure ; mon activité est le plus haut degré de la vie. »

Société militaire, Rome s'installe en Grèce, en Israël, dans toute l'Europe et au-delà, reprenant à son compte le rêve inachevé d'Alexandre le Grand. Les Romains sont aussi convaincus que leurs prédécesseurs qu'ils sont là pour l'éternité. Ils ne se limitent plus à la glorification de l'être. Ils veulent faire de Rome la capitale du monde. Et pour cela, ils ajoutent au moins deux dimensions majeures à cette conception de la modernité : le centralisme et l'urbanisme. Pour la défense de la ville, ils inventent un système politique très sophistiqué, centralisé, à l'image de son armée, avec un État fort, et d'innombrables avant-postes. Pour leur confort, ils inventent des systèmes de voirie, des égouts, des aqueducs, des immeubles de huit étages, des piscines, des thermes, des chambres froides. Ils font des progrès rapides et considérables : si le premier aqueduc, construit en – 312 par le censeur Appius Claudius, était techniquement désastreux, l'aqueduc la Marcia, construit cent soixante-dix ans plus tard par Marcius Rex, permet d'acheminer l'eau sur les collines de Rome, malgré l'opposition de ceux qui arguent qu'il est impie d'amener au Capitole une eau venue de l'étranger. Les progrès continuent. Un siècle plus tard, le grand architecte Vitruve décrit en détail l'utilisation du siphon inversé, la fabrication du béton hydraulique et définit les trois qualités d'une réussite architecturale, encore valables aujourd'hui : *firmitas – utilitas – venustas* (durabilité, utilité, beauté). Ainsi s'installe une nouvelle idée de l'avenir : la grandeur de Rome et son pouvoir universel, que les Romains pensent valable pour l'éternité.

Là se forme, à l'intérieur du monde juif, sous contrôle romain, une nouvelle doctrine religieuse qui prolonge la version romaine de pensée judéo-grecque : être moderne, c'est croire en Jésus et en sa résurrection ; c'est espérer en sa propre résurrection, qui ne dépend que de la grâce, dont nul ne peut décider. L'Église chrétienne va reprendre à son compte pour les fusionner le monothéisme juif, la mythologie grecque et l'universalisme romain. À la modernité de l'Être succède la modernité de la Foi.

2

La modernité de la Foi

De l'an 300 jusqu'en 1400

Pendant les dix siècles suivants dans tout l'Occident, et bien plus longtemps dans certaines régions du monde, la conception dominante de la modernité sera entre les mains de l'Église chrétienne et des élites féodales et militaires qui y puisent leur légitimité : être moderne, ce sera croire et servir les intérêts de l'Église. Ou s'en servir pour asseoir un pouvoir féodal. Être moderne, ce sera croire, ou feindre de croire, dans le triomphe à venir du Christ, dans la rédemption et la résurrection comme seul avenir de l'humanité. L'Être, la logique et la liberté individuelle ne seront plus des objectifs de l'avenir. Ils en seront même les ennemis.

Dans ce creuset où se mêlent pensées juive, grecque, romaine, chrétienne et d'autres encore, naîtra aussi un jour, longtemps infiniment minoritaire et pourchassée, une troisième conception de la modernité, qui ne s'imposera que bien plus tard, au XIXe siècle : celle de la Raison.

Modernus

Aux premiers siècles de notre ère, avec la christianisation progressive de l'Empire romain, la « modernité » (le mot n'existe pas encore, dans aucune langue), c'est-à-dire la conception de l'avenir, change de nature. L'élite romaine y trouve son compte, lassée de la violence. Et les empereurs eux-mêmes s'y rallient, sans doute pour suivre leur entourage. L'universalisme romain devient celui de l'Église, qui prend le pouvoir à Rome, puis à Ravenne et à Byzance. Elle reprend à son compte, pour asseoir sa puissance, toutes les règles de l'Empire et de l'armée romaine : la centralité du commandement, l'organisation pyramidale des émissaires dans les territoires. Elle place même sa capitale en Rome. Elle se réapproprie certaines dimensions de la religion grecque, devenue romaine, dont elle récupère d'innombrables dieux sous les noms de « saints ». Elle reprend aussi le monothéisme juif, tout en hésitant à admettre la judéité de Jésus et l'identité de son dieu avec celui des juifs.

L'Église chrétienne dénonce aussi les études profanes, et en particulier la lecture des philosophes grecs et romains. Elle s'oppose même à la lecture de la Bible et notamment de la Torah, traduite en grec, qu'elle nomme avec dédain l'« Ancien Testament ». Elle réserve le savoir, la gnose, à quelques initiés. Elle entend affirmer la supériorité des temps chrétiens sur les époques antérieures, de la Rédemption (*renovatio*) sur la Création, du Nouveau Testament sur l'Ancien, de la foi sur la logique. L'unique projet d'avenir qu'elle accepte est celui de l'espérance en la foi. Seuls comptent la recherche du salut et la vie à venir, promise aux élus. L'Être disparaît comme projet d'avenir. Désormais, ce qui est moderne, c'est l'universalisation de la chrétienté, c'est la croyance en la résurrection du Christ, l'attente des temps de la Rédemption et de la résurrection des morts. C'est penser l'amour comme seule vertu. Et la pauvreté comme seule voie vers le salut ; en confiant toutes les richesses du monde à l'Église. C'est mettre tout le pouvoir, en particulier celui des princes et leur épée, au service de l'Église.

La modernité n'est plus faite de progrès humain, mais de préparation terrestre à la vie après la mort. Le rôle de la société civile est donc d'organiser l'ordre humain, comme soumis à l'ordre divin.

Au Ve siècle, dans *La Cité de Dieu*, un philosophe, théologien, évêque d'Hippone, l'Algérien Augustin, qui deviendra l'un des quatre Pères de l'Église, explique que la justice des hommes, si elle est indépendante de celle de Dieu, lui est soumise ; et que le droit des hommes, qui est contingent, est impuissant à réaliser la justice de Dieu, qui est universelle.

La liberté, la logique, la richesse, la technique, ne sont plus valorisées ; le progrès matériel est vu comme l'ennemi du progrès spirituel. On se méfie du nouveau. L'innovation se ralentit, des technologies majeures sont oubliées. Ainsi commence la modernité de la Foi.

La modernisation se limite à la conversion de tous les peuples au christianisme. Les mœurs sont dès lors pesamment contrôlées, dans la tyrannie masculine ; la sexualité, dont les Romains avaient, comme les Grecs, fait une dimension du bonheur de l'Être, redevient une contrainte, imposée aux humains par les forces du Mal, dont il faut à tout prix se délivrer en la limitant strictement aux nécessités reproductives. La monogamie, les mariages forcés sous le contrôle des pères, l'interdiction du divorce et de la consanguinité répriment les licences antérieures et organisent une transmission plus directe de la propriété et du pouvoir, au bénéfice de l'Église, seule autorisée au monde à accumuler du patrimoine, dans l'unique but, avoué, de servir sa puissance et sa gloire. Les princes, qui favorisent cette transmission, se constituent au passage des domaines immenses.

Les vêtements eux-mêmes traduisent ce changement de sens de l'avenir : l'Europe se fixe au costume cousu (convenant aux peuples cavaliers et nomades se déplaçant dans les régions froides, les Barbares venus envahir Rome) et renonce au drapé (mode d'habillement qui sied aux pays chauds et particulièrement prisé à Rome). Les puissants portent encore des robes larges pour les deux sexes, mais aux formes désormais stables et dont la longueur ne varie que peu et lentement, n'exprimant qu'un anonymat austère et un refus de la richesse.

Au ve siècle, apparaît le mot latin *modernus*, formé sur l'adverbe latin *modo* (qui signifie « récemment » ou « l'époque qui vient de s'achever ») et du grec *modos* (qui veut dire « d'aujourd'hui »). Est *modernus* ce qui est « récent », avec une connotation neutre ou plutôt négative. Est *hodiernus* ce qui est d'« aujourd'hui » (en latin *hodie).* La conception du moderne est figée. Le changement est suspect.

En 496, le baptême de Clovis organise cette alliance par laquelle l'Église impose sa doctrine à tous les rois et empereurs se partageant les dépouilles de l'Empire romain. Au même moment, le pape Gélase Ier écrit : « Il y a deux pouvoirs par lesquels ce monde est principalement dirigé, l'autorité sacrée du sacerdoce et l'autorité des rois. » Selon une expression attribuée à Saint-Paul, alors fréquemment citée, les temps à venir doivent servir à « dépouiller le vieil homme pour former l'homme nouveau ».

Le renouveau de la Foi par l'islam

Au VIIe siècle, quand l'islam apparaît en Arabie, il est la révélation nouvelle du monothéisme et s'inscrit comme une forme inédite de la modernité de la Foi. L'islam fait d'abord, comme le judaïsme et le monde grec avant lui, le pari que toute connaissance rationnelle, y compris le savoir scientifique, ne contredira pas la nouvelle révélation. Comprendre le monde n'est pas contraire à ce que souhaite le Prophète. Faire progresser le savoir, améliorer la vie matérielle n'est pas interdit par le Coran. Le Prophète lui-même dit : « La science est en effet plus méritoire que la prière » et : « Un seul homme de science a plus d'emprise sur le démon qu'un millier de dévots... » Le Coran demande de déchiffrer l'univers, « œuvre d'art signifiante » ; pour y parvenir, il autorise de recourir à la logique, invention aristotélicienne. Le progrès humain redevient une dimension de l'avenir, dans les limites du conservatisme des mœurs qu'implique le Coran.

Les premiers philosophes musulmans, tel Al-Kindi, confirment d'ailleurs qu'il faut chercher la vérité non seulement dans le Coran mais aussi à partir des idées grecques : « Bien qu'ils soient restés dans l'ignorance d'une partie de la vérité, ils [les Grecs] furent pour nous la voie et l'instrument pour parvenir à de multiples connaissances dont ils n'ont pu eux-mêmes rejoindre l'entière vérité... » Un demi-siècle plus tard, un autre philosophe musulman, Al-Fârâbî, affirme encore la nécessaire séparation de la spéculation intellectuelle et de la réflexion sur le salut. Pendant ce temps, la pensée grecque parvient jusqu'en Andalousie, avec les premiers émirs musulmans : le médecin Ibn Zhur, le géographe Al-Idrisî font avancer leurs disciplines. Le philosophe Ibn Bâjja explique que l'ascèse scientifique est la seule voie d'accès à Dieu, et que la science n'est pas intuitive.

Mais, comme le christianisme, l'islam est une religion prosélyte, au fil de l'épée. Elle n'admet comme moderne que sa foi ; elle s'installe en moins d'un siècle du Maghreb à la Perse, de l'Ibérie à la

Bactriane, et bien au-delà. Son projet d'avenir : une humanité entièrement musulmane. Son siège est à La Mecque, pendant de Rome. L'un et l'autre se disputent Jérusalem.

À la différence des penseurs chrétiens du moment, les philosophes arabes et perses (devenus musulmans) sont pourtant, pour un temps encore, autorisés à débattre avec les mathématiciens de la nature de l'univers ; parce que la vérité, révélée par l'ange Gabriel au prophète Mahomet, l'est aussi, selon l'islam, aux savants. Cette tolérance va même jusqu'à accepter, entre 638 (prise de Jérusalem par les Arabes) et le début du XIIe siècle (arrivée des Almohades au pouvoir en Ibérie), que les chrétiens et les juifs pratiquent leurs cultes et étudient leurs lois en terre d'islam – mais dans un statut de plus en plus humiliant.

Au IXe siècle, à Bagdad devenue musulmane, la recherche scientifique est encore encouragée. Dans les premières universités (qui se créent alors en Islam, à l'image des académies athéniennes, bien avant de surgir en Europe chrétienne), on enseigne Aristote, Platon, Euclide, l'astronomie et la médecine. Des mathématiciens affinent les lois grecques du cosmos (l'« ordre »), qu'ils expriment en termes mathématiques. Ainsi apparaissent pour les besoins de l'astronomie, dans le monde musulman, l'algèbre, la théorie des coniques et celle des asymptotes.

Modernitas nostra

Quand arrive l'an mil, l'Église continue d'imposer dans l'essentiel de l'Europe chrétienne l'idée que la pleine dignité humaine ne se conçoit que sur le plan spirituel, par la foi ; et par l'abandon de toutes richesses à l'Église. Elle réussit une formidable synthèse entre le monothéisme juif, le polythéisme grec et la structure romaine du pouvoir.

Pourtant, dans quelques ports et quelques foires, en Flandres, dans le tout jeune Saint-Empire romain germanique, en Italie, et en France (moins qu'ailleurs), l'économie marchande prend son essor : les marchands circulent ; l'argent se prête. Le progrès technique commence à bouleverser les modes de vie des paysans, des artisans, des marins, et en appelle à la raison. L'argent supplante le troc, le salaire la corvée et le profit la rente. Le prêt impose la mesure rationnelle du risque. Cet embryon d'économie de marché se glisse incognito dans les interstices de l'économie domaniale. Le triomphe de l'Église n'est plus la seule finalité des élites.

Apparaît un nouveau type humain, qui va se donner comme projet l'amélioration matérielle du monde. Il n'est ni prêtre, ni guerrier, ni paysan : c'est un entrepreneur, un marchand, un bourgeois. Il vit libre dans un *burgh* et il défend une conception innovante de la société, qui ne sera plus un groupe de clans ou de tribus, ni une hiérarchie de familles, ou de serfs soumis à des seigneurs, mais des hommes et des femmes, individus libres et rationnels, en association ou en compétition. Le bourgeois s'imposera face à l'évêque et au seigneur : clocher, donjon et beffroi, trois pouvoirs en concurrence.

Quelques penseurs prennent alors en Occident le risque, très sérieux, de se référer à la pensée grecque sans pour autant blasphémer. Ils veulent établir la compatibilité de la foi avec la raison et l'expérience. Si la pensée juive et le regard positif sur le progrès matériel qu'elle implique est encore bannie dans l'essentiel du monde chrétien, la pensée grecque y revient subrepticement, en passant de l'islam d'Arabie à la Cordoue musulmane, puis à la Tolède chrétienne et à la Narbonne juive, avant de passer aussi en Occident par Byzance et Venise. Vers l'an 1000, le pape Gerbert d'Aurillac rapporte d'Espagne le zéro, invention indienne que les mathématiciens perses avaient eux-mêmes déjà fait connaître dans tout l'Empire musulman, dont Cordoue. En 1103, le *Megalè Syntaxis Mathematikè* (*Grande Syntaxe mathématique*) de Ptolémée arrive ainsi en Europe chrétienne dans une version arabe, sous le titre d'*Almageste* (*Al-Mijistî* ou *Grand Livre*). L'*Al-Jabr* (l'*Algèbre*) ou plus exactement le *Kitab al-jabr wa'l-muqabalah* (*Abrégé du calcul par la restauration et la comparaison*), écrit au IXe siècle à Khiva, par Al-Khawarizmi, est traduit de l'arabe en latin au XIIe siècle par Robert de Chester, un érudit anglais. *Les Éléments* d'Euclide arrivent aussi en Europe par une version arabe et sont traduits en latin par Adélard de Bath, vers 1150, sans doute en Sicile.

La pensée grecque n'est pour autant pas valorisée pour elle-même mais comme justification du droit à chercher, à expérimenter.

Les innovations matérielles se font, elles, considérables dans l'agriculture, la gestion de l'élevage, le fonctionnement des moulins, la navigation, la construction de bateaux. Elles améliorent grandement la vie des gens, en particulier en Italie et en Europe du Nord et poussent à une plus grande confiance dans l'activité humaine. Des théoriciens annoncent une ère nouvelle en matière d'esthétique et de sensibilité, donnant un rôle plus autonome à l'artiste, qui ne se veut plus simplement un ouvrier anonyme au service de l'Église, mais un artiste en soi, ayant sa propre identité.

Des questions interdites depuis le temps des Grecs recommencent à circuler en contrebande : est-il possible, sans blasphémer, de chercher la vérité sur la création de l'univers, et de tenter d'améliorer le sort des hommes ici-bas sans tout attendre des temps messianiques ? Peut-on concilier les réflexions des philosophes de l'Antiquité, en particulier celles d'Aristote, avec le monothéisme ? La liberté des hommes est-elle compatible avec la toute-puissance de Dieu ? Les hommes peuvent-ils avoir un projet d'avenir sur cette Terre ? Bien des gens en Europe sont encore brûlés vifs, sur ordre de l'Église, pour se poser ces questions.

Les mots « modernitas » et « mode » apparaissent, dérivant l'un de « modernius » et l'autre de l'adverbe latin « modo » pris au sens de « maintenant, récemment ».

Le futur triomphe de la Raison s'annonce aussi dans quelques recoins de l'Église : au début du XIIe siècle, à Paris, le théologien et auteur mystique Hugues de Saint-Victor note la valeur positive des arts et des savoirs, là où Augustin ne voyait que de dérisoires « remèdes et consolations » pour futurs damnés. Son successeur à la tête de l'abbaye parisienne de Saint-Victor, Richard, pense même à placer l'enseignement de la « mécanique » au rang de la logique et de l'éthique.

Pour l'essentiel néanmoins, à ce moment, la modernité reste encore celle de la Foi, celle que l'Église défend et impose au monde. Par la force, si nécessaire.

Quand la raison tente de passer par l'Ibérie musulmane...

Pendant ce temps, l'islam et le judaïsme continuent d'oser espérer dans le progrès matériel et, pour y parvenir, de croire en la raison.

Au début du XIIe siècle, alors qu'en Orient commencent les croisades pour la reconquête chrétienne de Jérusalem, à Cordoue, Ibn Rushd (que l'Occident nommera Averroès), européen et musulman, médecin et juge, philosophe et écrivain, reconnaît Aristote comme son maître absolu, et explique que le rationnel et le révélé disent tous deux une même vérité, chacun à leur manière. On ne peut comprendre l'astronomie, dit-il, sans la géométrie, qui permet par exemple de concevoir des idées contre-intuitives, comme le fait que le Soleil est cent soixante fois plus gros que la Terre. Il parle du plaisir de penser, de la passion d'apprendre, y compris sous le joug des dictatures. « Penser, c'est vivre, c'est s'unir au cosmos », écrit-il ; c'est donc faire ce que fait Dieu, qui pense le monde pour le faire exister. Il ose écrire que l'homme qui pense est « assimilé à Dieu en ce qu'Il est et connaît tous les êtres : car les êtres, et leurs causes, ne sont que la science de Dieu ». Et aussi ce texte magnifique : « Si le plaisir que Dieu connaît à saisir Sa propre essence est égal au plaisir que nous trouvons nous-mêmes au moment où notre intellect saisit Sa propre essence, c'est-à-dire au moment où l'intellect se dépouille de sa puissance, ce qui existe pour nous pendant un court moment existe pour Dieu éternellement. » La modernité, au sens futur de la Raison, reprend sa marche.

Mais la pensée d'Ibn Rushd, censuré dans l'Islam de son vivant, sera ensuite étouffée par les dynasties qui, en 1149, prennent le pouvoir à Cordoue et dans le reste de l'Empire musulman. La modernité de la Foi s'impose alors aussi en Islam.

Une décennie plus tard, naît, au même endroit, celui qu'on connaît en arabe comme Mûsâ ibn Maymûn, en hébreu comme Rabbi Moshé Ben Maïmon et en français comme Maïmonide. Maïmonide révère Aristote et pense que la logique ne garantit pas l'éthique de l'Histoire, mais que foi et raison sont compatibles, parce que toutes deux créations divines. Il écrit : « Le jour viendra où la Terre sera remplie de la connaissance de Dieu comme l'océan est rempli d'eau. » Le savoir est pour lui le principal projet de l'avenir. Il ne s'agit pas seulement de préparer la Résurrection, mais aussi d'admettre la tragédie de la finitude humaine et de chercher, par la raison, à accroître la liberté. Celle-ci ne peut contredire la foi, par nature abstraite, parce que Dieu est désireux de laisser les hommes accéder à la connaissance.

Ibn Rushd et Maïmonide, méconnus et combattus en leur temps, auront, plus tard, un impact considérable sur l'évolution du sens donné à la modernité, en gagnant à leur cause les plus grands penseurs chrétiens. Il y faudra encore plusieurs siècles. Ceux qui permettront à des marchands d'asseoir, en quelques lieux, leur pouvoir face à l'Église et aux puissances féodales.

... puis par Thomas en Occident chrétien

Un peu plus tard, des débats sur ce sujet animent les premières universités chrétiennes, à Paris, Toulouse, Padoue et Montpellier. Créées sous l'autorité du pape pour enseigner le droit canon, elles ont vocation à n'être que des lieux d'enseignement théologique. Mais très vite, des voix s'élèvent contre le dogmatisme : le moine bénédictin anglais Adélard de

Bath, dont il a déjà été question plus haut, oppose à l'« inconsistance » des doctrines enseignées en France l'effort des Arabes pour constituer un savoir rationnel. Et quelques universités, dont celle de Padoue, et même celle de Paris, développent bientôt, clandestinement, l'enseignement d'Aristote et du droit laïque. Rome intervient et exige qu'on n'y enseigne que le droit canon, sous peine d'excommunication. En vain. En 1215, le légat du pape à Paris réitère l'interdiction d'enseigner Aristote à la faculté de théologie de l'université de Paris, ce qui prouve bien que les œuvres condamnées y sont discutées. Il y faut du courage : le moindre blasphème pouvant entraîner la mort.

La même année 1215, à Londres, un grand changement organise une première protection des gens contre le pouvoir des princes : après une courte guerre civile entre les barons et le roi Jean sans Terre, la *Magna Carta* (rédigée par Étienne Langton, archevêque de Canterbury, assisté de l'archevêque de Dublin et du légat du pape Innocent III) limite l'arbitraire du pouvoir royal et établit l'habeas corpus, qui interdit de spolier ou de priver de liberté tout homme libre « sauf par le jugement de ses pairs ou par la loi du pays ». Nul ne peut plus être contraint, emprisonné, spolié, amendé, déshérité sans raison au profit de la couronne royale ou de ses représentants. Les devoirs des hommes deviennent des droits. Mais ce n'est pas encore le triomphe de la Raison. L'Église espère en fait récupérer aussi une partie du pouvoir royal. Le pape Grégoire IX réaffirme en 1234 sa prééminence sur tous les monarques : « Comme il existe dans le ciel deux astres principaux, Dieu a institué dans le monde deux dignités : l'autorité pontificale et le pouvoir royal » et tout comme le soleil l'emporte sur la lune, « les évêques ne doivent pas être soumis aux princes, mais les soumettre ».

L'Église et ses alliés féodaux s'opposent toujours à l'optimisme du progrès et donc aux auteurs grecs et romains qu'ils nomment avec mépris « *antiqui* ». Ils les considèrent comme hérétiques, parce qu'éloignant les hommes de la seule espérance qui compte, celle de la Rédemption. Pour eux, tout savoir, toute création, reste l'œuvre de Dieu : le grammairien français Guillaume de Conches, reflet de l'esprit du temps dans toute l'Europe chrétienne, avait écrit un siècle auparavant, dans son *Commentarius in Timaeum* : « Toute œuvre est soit l'œuvre du Créateur, soit l'œuvre de la Nature, soit l'œuvre de l'artiste imitant de la Nature. »

Pourtant, certains théologiens chrétiens sentent bien que l'avènement de la pensée rationnelle sera irréversible. Ils veulent que le christianisme la récupère. Pour cela, ils tentent de rendre le dogme compatible avec la raison. En Bavière, au XIIIe siècle, le frère dominicain Albert le Grand refuse de croire que des miracles soient nécessaires pour expliquer des événements naturels : « Je ne m'intéresse pas aux miracles quand je traite des sciences physiques. » En un temps où derrière chaque événement énigmatique il est naturel de supposer une intervention divine, c'est là une audace considérable.

Un des élèves napolitains d'Albert le Grand, lui aussi dominicain, Thomas d'Aquin, réhabilite cette fois explicitement la pensée grecque pour l'intégrer à la théologie chrétienne : « On ne doit pas mépriser la philosophie païenne, grecque surtout, ni les résultats qu'elle a obtenus dans la compréhension du monde. » C'est une grande révolution dans la conception chrétienne de la modernité. Le retour du droit à penser libre, ou presque. Thomas admet en effet avec Aristote que foi et raison n'ont pas du tout le même objet. L'acte de foi consiste à croire en la Révélation, tandis que la raison opère à partir de ce qui est donné par l'expérience sensible. L'acte de connaître consiste à décrypter le réel pour le ramener à des concepts universels. La raison permet de comprendre, de « connaître parfaitement » comment le sensible est « organisé », elle illumine l'esprit et soutient la foi, laquelle ne saurait contredire la raison puisqu'elles émanent toutes les deux de Dieu. La science ne doit pas servir de preuve à la foi, car elle est nécessairement provisoire ; le savoir repose soit sur la foi, soit sur l'expérience, suivant que le sujet d'étude concerne le spirituel ou le matériel. Le droit, qui doit gouverner les rapports entre tous les hommes, est de la compétence de la raison naturelle commune, et peut utiliser le savoir grec. Une « loi naturelle » prescrit des « devoirs universels ». Autrement dit, la morale est chrétienne, les sources du droit sont profanes. Pour Thomas, le meilleur régime politique est une monarchie – bien entendu chrétienne –, tempérée d'aristocratie et de représentation populaire ; le peuple et l'Église, toujours supérieurs au pouvoir temporel, devraient donc en particulier être à même de renverser un tyran.

Pour autant, pas question d'aller très loin : l'Église veille, excommunie, torture et brûle encore tous ceux qui osent s'opposer à sa conception du destin de l'humanité. Elle invente même, pour cela, un instrument terrible : l'Inquisition.

« Les arts mécaniques »

Au début du XIVe siècle, les progrès techniques sont de plus en plus considérés comme des nouveautés positives, annonciatrices d'un avenir meilleur. Et les couvents y participent souvent. L'agriculture se pratique maintenant de façon de plus en plus rationnelle comme un « art mécanique » qui témoigne d'une vraie révolution technique : moulins à eau et à vent, charrues à roue et à versoir, assolement triennal. Des avancées considérables sont faites aussi en matière de navigation, en particulier avec le gouvernail d'étambot à Bruges, puis la *galere da mercato* à Venise. On retrouve des procédés perdus depuis Rome et dont l'Église se méfiait, tel le verre transparent.

Les échanges internationaux se développent massivement. Jean Duns Scot, qui enseigne alors à Oxford, Cambridge et Paris, souligne la valeur du commerce par lequel les marchandises sont transportées en temps utile « des régions où elles abondent à celles qui en sont dépourvues ».

Au même moment, le mystique catalan Raymond Lulle décrit, dans sa *Doctrina pueril*, les « arts mécaniques » comme des « sciences » propres aux hommes qui « travaillent avec leur corps ». Il prend exemple sur les progrès qu'a rendus possibles l'introduction de nouvelles méthodes agricoles sur les terres des abbayes. Prélats, chevaliers, princes et bourgeois doivent se souvenir, explique-t-il, que sans les forgerons, menuisiers, laboureurs, ils mourraient de faim et de froid.

La femme, la passion et la mode

Ceux qui souhaitent faire revivre la pensée grecque et latine veulent avoir accès aux chefs-d'œuvre de leur littérature et de leur science, pour glorifier, comme eux, l'amour et les passions humaines. Ils dénoncent les « Modernes », c'est-à-dire les tenants de la Foi, maîtres en scholastique formalistes et abstraits, ignorant l'Être, la passion, l'amour. Ainsi le Florentin Dante glorifie-t-il dans sa *Divine Comédie* sa passion pour Béatrice. L'Église s'empresse de récupérer son œuvre en voulant y voir une métaphore de la théologie, tout en le combattant pour avoir pris parti contre elle à Florence. Pour le fils d'un de ses amis, un autre Florentin, Pétrarque, né à Arezzo à l'aube du XIVᵉ siècle, le qualificatif « moderne » désigne aussi de façon péjorative la science des facultés de théologie et de droit et le style « gothique ». Et il s'en éloigne pour écrire *Il Canzonniere*, un recueil de sonnets, de madrigaux, en hommage, lui aussi, à une femme, Laure de Noves.

Le vêtement se libère également et participe de la lente mutation du sens de la modernité, qui ne peut plus exclure le nouveau terrestre ni la sensualité. À partir de 1340, en France, au temps des premiers Valois, dans les cours princières, le costume se différencie selon les sexes, la fonction et l'âge, et se modifie selon les moments. La propagation des modes à travers l'Europe se fait par le canal des ambassadeurs, qui arborent le costume en vogue dans leur pays d'origine et par les marchands qui transportent de cour en cour les matériaux précieux servant à la fabrication des vêtements d'apparat, pour les femmes autant que pour les hommes. Les communautés rurales européennes connaissent aussi des phénomènes de mode spectaculaires, en lien avec le développement de leur aisance. Dans *Le Cheval d'orgueil*, Pierre-Jakez Hélias montre d'ailleurs comment chez les Bigoudens du Moyen Âge (dont les traditions persistent en son temps) le vêtement satisfait un besoin d'information indispensable pour l'organisation sociale du groupe. Les grandes broderies de leurs costumes établissent le statut des hommes et la qualité du velours de leur robe fixe celui des femmes.

L'Église doit faire contre mauvaise fortune bon cœur : elle tolère désormais la technique, le progrès, l'innovation laïque, la richesse des bourgeois. Mais elle fait ce qu'elle peut, avec encore un grand succès, pour en récupérer l'essentiel et imposer sa conception de l'avenir.

Le mot « moderne » apparaît alors en français ; il signifie encore le présent tel que défini par l'Église, par opposition à « ancien » qui caractérise l'Antiquité.

La bataille est maintenant ouverte, et non plus masquée, entre les Modernes, tenants du dogme chrétien, et les Anciens, partisans de la logique des Grecs. Bataille idéologique, bataille littéraire, bataille politique, qui va bientôt prendre un tour inattendu, pour aboutir à la victoire d'une nouvelle conception, qui ne sera ni celle de l'Être ni celle de la Foi, mais celle de la Raison.

3

Au-delà des Anciens et des Modernes : la Raison

Du XV*e au* XVII*e siècle*

Lorsque commence le XVe siècle, dans l'essentiel de l'Occident, en particulier en France, domine encore la conception chrétienne du « moderne » comme transition entre le passé coupable et les temps messianiques ; et l'Église continue d'imposer à tous la modestie des ambitions terrestres et le refus du nouveau.

Ailleurs, dans quelques ports et foires, de Bruges à Venise, de Gènes à Nuremberg, autour de marchands, une autre conception de la modernité s'installe, qui s'appuie sur l'héritage des « Anciens », philosophes grecs et latins, et sur les apports ultérieurs du progrès scientifique et technique. Le marchand ne veut plus d'une conception de l'avenir et du monde où il n'est qu'un pécheur, dont l'enrichissement est sacrilège, et qui ne peut se sauver qu'en faisant don de tous ses biens à l'Église. Il rêve d'un monde de raison, de liberté, où il aurait le pouvoir dans sa cité, sans que l'évêque ni le seigneur ne lui dicte sa conduite. Cette bataille va bientôt prendre un tour nouveau, car raison et liberté sont intimement liées : seule la liberté permet de faire triompher la raison. Seule la raison permet d'organiser le fonctionnement de la liberté.

Des conséquences de l'imprimerie

Le XVe siècle ouvre en Europe une période fastueuse et sombre, que les historiens appelleront bien plus tard « l'histoire moderne ». Pour certains, elle commence en 1434 avec le portrait de deux bourgeois de Lucques installés à Bruges, les Arnolfini, par Jan Van Eyck, qui marque la naissance de l'art du portrait et l'influence naissante des marchands sur l'art. Pour d'autres, elle débute en 1453 avec la prise de Constantinople par les Turcs, qui marque la fin du dernier avatar du monde romain (sans compter le Saint-Empire romain germanique, qui n'a plus rien de romain sinon que le Pape en revendique le contrôle). Pour d'autres encore, elle commence en 1468, avec la mise en place en Europe des premiers caractères mobiles de l'imprimerie.

L'innovation de Gutenberg, importée de Chine, alors nation dominante et peu connue en Occident, réduit drastiquement le coût de la production de livres. Cela laisse penser aux tenants de la conception chrétienne de la modernité qu'ils vont bientôt l'emporter définitivement : pour eux, beaucoup plus de gens liront la Bible, dont les exemplaires seront aisément disponibles ; et les autres livres imprimés (écrits nécessairement, pensent-ils, en latin) se multiplieront, faisant disparaître les langues vernaculaires au bénéfice de l'Église de Rome et du Saint-Empire romain germanique, dont les maîtres dépendent du pape.

En fait, on assiste à deux évolutions exactement contraires à ce pronostic : d'une part, on imprime très vite des livres en langues vernaculaires, concurrençant rapidement le latin ; et d'autre part, les nouveaux lecteurs de la Bible critiquent l'interprétation que l'Église donne du Livre. En 1492 est publiée en espagnol la première grammaire en langue non latine pendant que s'effondre à Grenade le dernier royaume musulman d'Europe, que l'Empire ottoman ferme les routes maritimes d'Orient, et que Christophe Colomb atteint une île qu'il croit proche du Japon. L'Occident prend brutalement conscience de la relativité de ses mœurs et de ses institutions et s'ouvre à une tout autre conception de l'histoire de l'humanité. L'Église, elle, n'y voit que de nouveaux peuples à convertir.

Le progrès rationnel comme utopie

Quand, en 1496, le sénat de Padoue autorise officiellement l'université de la ville à ouvrir la première chaire d'enseignement d'Aristote, la lutte s'accélère ; toujours plus audacieuse, même si les risques sont encore énormes. Érasme, dans son *Éloge de la folie*, dénonce en 1511 les théologiens, les maîtres, les moines, le haut clergé et les courtisans. L'évêque et astronome allemand Nicolas de Cues, disciple de

Raymond Lulle, ose penser à l'infini de l'univers et faire l'apologie de l'ingénieur, suivi en cela par Léonard de Vinci et par le mathématicien Girolamo Cardan.

Par ailleurs, pour dire la direction du progrès, en même temps que pour en dénoncer les méfaits (en particulier la misère des paysans sans terre) commencent à circuler d'innombrables textes décrivant un âge d'or à venir, une cité parfaite dont l'immobilité même constituerait l'aboutissement d'un nouveau projet de modernité.

En Angleterre, *L'Utopie* du futur chancelier d'Angleterre Thomas More, écrite aux Pays-Bas, publiée en 1516, est d'abord une critique de la société anglaise et en particulier de l'extrême misère des paysans sans terre. C'est aussi l'expression de l'espoir que le progrès social peut y remédier, en constituant une nouvelle modernité. Thomas More propose un projet de société inspirée par la découverte des mœurs de certaines populations américaines : une société sans envie ni profit. Une organisation égalitaire, où chacun tiendrait son rang et sa place. L'île d'Utopie vise à rationaliser et humaniser « une population grossière et sauvage [...] pour former un peuple qui surpasse [...] tous les autres en civilisation ». L'Utopie est d'ailleurs régie par les mathématiques : toutes les rues des cinquante-quatre villes mesurent six mètres cinquante de largeur. La priorité privée est interdite. Les Utopistes travaillent six heures par jour, vivent dans des dortoirs et prennent leurs repas en commun.

L'exode rural est maîtrisé. Le temps libre est consacré à des loisirs comme le jeu d'échecs ou la lecture.

More veut ainsi montrer qu'une politique sociale rationnelle et juste est possible. Que la future modernité ne sera pas que l'enrichissement des bourgeois, qu'elle pourrait servir l'intérêt de tous, qu'elle est compatible avec la justice sociale. Mais qu'il faut pour cela y interdire la propriété privée. Marché ou égalité : on retrouvera ce débat dans toutes les utopies socialistes ultérieures. Même si, pour des siècles encore, le projet de société dominant, le concept phare de la modernité, reste celui de l'Église.

La Réforme, esquisse d'une nouvelle modernité

Autre conséquence de l'imprimerie, ceux qui lisent maintenant la Bible dans le texte et ne se contentent plus des sermons des prêtres, commencent à en critiquer l'interprétation par l'Église et dénoncent les comportements des prélats et du pape.

À Wittenberg, en 1517, le frère augustin Luther défie l'autorité papale en déclarant que seul le texte de la Bible fait autorité, que le salut de l'âme est un don de Dieu, obtenu avec la foi sincère, sans intercession possible de l'Église, à qui il reproche de faire commerce du pardon des péchés. Il affiche ses *Quatre-vingt-quinze thèses* contre les indulgences. Trois ans plus tard, il brûle la bulle d'excommunication *Exsurge Domine* dont il est frappé. Il affirme la liberté de l'homme, qui n'est plus entièrement déterminé par une grâce arbitraire ; il prend acte du transfert de compétences de l'Église vers le pouvoir civil et introduit l'idée de la sécularisation du droit ; enfin, malgré son antisémitisme virulent, il en revient à la conception juive du rapport au travail et à la richesse : le scandale n'est plus l'opulence, mais la pauvreté. S'enrichir, entreprendre, innover devient un signe de grâce divine. Chercher, comprendre, progresser, s'enrichir ne contredisent plus les ordres divins. C'est un immense changement.

On dira plus tard, à tort, que là commence l'économie de marché : on a vu qu'elle a débuté en fait bien plus tôt, avec les marchands italiens et flamands, que le grand historien italien Carlo Maria Cipolla nommera drôlement les « protestants pas protestants ».

L'Église catholique réagit à la Réforme par la création de la Compagnie de Jésus en 1540, puis avec trois conciles à Trente (de 1545 à 1563) qui s'éloignent de l'idée d'une grâce trop déterministe. En parallèle, elle fait régner la terreur par l'Inquisition.

Un peu partout en Europe, d'innombrables savants accompagnent cette lutte pour la raison par le retour de la pensée des Grecs. En France, vers 1570, Montaigne reconnaît préférer « s'être rongé les ongles à l'estude d'Aristote » plutôt que d'avoir lu les « Modernes », mot qu'il n'utilise que huit fois dans *Les Essais*, et toujours dans l'acception la plus littérale de son temps, c'est-à-dire les auteurs qui refusent l'héritage gréco-latin. Pour que cela change, il faudra, écrit-il, une « nouvelle naissance », qui se fonde sur le retour de l'antiquité grecque et latine,

« l'école ancienne, à laquelle je me tiens bien plus qu'à la moderne ». Pour lui, le décalage entre le génie antique et les « allures feintes et artificielles » des Modernes montre la décadence de son époque. D'ailleurs, explique-t-il, si le Nouveau Monde avait été découvert par les Grecs ou les Romains, la situation n'aurait pas tourné au massacre des indigènes.

Montaigne va plus loin et s'ouvre à ce qui sera la troisième modernité : il ne faut pas, écrit-il, se satisfaire d'une simple imitation des Anciens. Et ceux de ses contemporains qui les vantent et s'en contentent « anéantissent leurs forces en se laissant aller si fort au bras d'autrui ».

On doit en fait, dit-il, surtout se réapproprier leur capacité de penser par soi-même et aller plus loin qu'eux, en acceptant les progrès nouveaux, tout en faisant l'éloge de l'emprunt en littérature (dont les écrivains du siècle suivant ne vont pas se priver) : « Les abeilles pilotent deçà delà les fleurs, mais elles en font après le miel, qui est tout leur : ce n'est plus ni thym ni marjolaine ; ainsi les pièces empruntées d'autrui, il les transformera et confondra, pour faire un ouvrage tout sien, à savoir son jugement » (*Essais*, 1, 26).

Première esquisse du dépassement à venir du conflit entre les Anciens et les Modernes, entre l'Être et la Foi.

Les mœurs et les modes

Dans les villes de Flandres et d'Italie, les mœurs changent avec l'émergence de l'esprit critique et du désir de liberté. Les femmes et les hommes retrouvent le droit à la passion et à l'amour. Des couples d'amoureux se forment, même si l'Église et les familles s'y opposent. Et c'est encore à travers le retour de la littérature grecque que le droit à la passion se manifeste. De même, la musique n'est plus seulement religieuse ou populaire. En peinture, portraits et paysages se multiplient. Et l'architecture s'ouvre à des bâtiments plus vastes, aux grandes fenêtres, grâce à la redécouverte du verre transparent, perdu depuis les Étrusques.

Au même moment, le terme de « mode » (cette fois du latin *modus* qui signifie « manière ») apparaît pour désigner le goût du jour et son changement rapide. Elle se propage et traverse des couches de plus en plus larges de la société. À Rotterdam, Érasme indique, dans son *Traité de civilité puérile*, que la manière légitime de s'habiller est celle qui permet de donner de soi une image en adéquation avec la réalité de l'être. En Italie, la bourgeoisie s'octroie désormais le droit de s'habiller comme les nobles sans que nul ne puisse plus s'y opposer. En France, les rois François Ier, puis Henri II tentent d'interdire cette licence ; ils rappellent que le costume est codifié aussi bien dans ses formes, taille et coupe que dans ses matières (la soie pour les présidents de la Cour des comptes, le satin pour les gens du Roi, le taffetas pour les greffiers...) et que les bourgeois ont interdiction de porter des tissus brochés d'or ou d'argent et d'agrémenter de perles leurs parures. En vain.

La mode, surtout féminine et enfantine, devient même un marqueur du conflit entre diverses conceptions de la modernité. Là où elle est uniforme, stable, la modernité n'est pas dans le progrès matériel mais dans la Foi. Là où elle est changeante, la modernité fait l'apologie de l'innovation et du changement.

L'Église reste quant à elle fermée à tout : en 1600, elle fait même brûler en place publique à Rome un des penseurs les plus audacieux de tous les temps, Giordano Bruno, disciple de Nicolas de Cues, qui a osé imaginer l'existence des galaxies, remettre en cause la centralité de l'homme, et fréquenter William Shakespeare.

Cervantès et Shakespeare, annonciateurs d'un monde nouveau

Avec le XVIIe siècle, il devient clair, surtout – mais pas seulement – dans l'Europe protestante, que la recherche du salut n'est plus la motivation principale des élites marchandes qui veulent vivre mieux ici et maintenant. Progresser n'est plus avancer vers les temps messianiques, ni même se contenter du savoir judéo-grec, mais accumuler patiemment des savoirs nouveaux, rationnels, mettre en pratique des techniques plus efficaces, travailler, produire, commercer, échanger, vendre, bien manger, mieux se vêtir, se loger. Être libre, améliorer ses droits et ses libertés. Être propriétaire. Suivre la mode. Choisir librement son conjoint. Aussi et surtout : vivre plus longtemps et léguer ses biens à ses enfants et non plus à l'Église. La future modernité n'est plus un chemin vers le Paradis, mais vers la liberté et la raison, qui en est inséparable. Et les élites le veulent ouvertement : elles ne craignent plus les foudres de l'Église, qui perd de son pouvoir face aux princes. Sans se préoccuper du sort des plus pauvres et des victimes de cette modernisation.

Deux auteurs majeurs, à l'existence tout aussi mystérieuse l'un que l'autre, en sont la marque : Miguel de Cervantès et William Shakespeare. Tous deux essentiels, à la charnière des mondes, ils pensent leur œuvre indépendamment de l'Église et du monde grec, sans pour autant en oublier les enseignements.

Miguel de Cervantès publie *L'Ingénieux Hidalgo Don Quichotte de la Manche* à Madrid en deux parties, en 1605 et 1615. Se présentant comme un roman de chevalerie, c'est en fait le premier roman de l'époque moderne, parodie des mœurs médiévales, critique des structures sociales de la société espagnole, c'est-à-dire de la modernité féodale. Don Quichotte, rêveur idéaliste, qui veut changer le monde en employant les moyens de la chevalerie, est à la fois moderne, car porteur de valeurs nouvelles (celles de la liberté de l'individu) et anachronique, par les moyens qu'il se donne (ceux de la Foi). Il veut « être chaste en ses pensées, honnête en ses paroles, vrai dans ses actions, patient dans l'adversité, miséricordieux à l'égard de ceux qui sont dans la nécessité, et enfin, combattant de la vérité, même si sa défense devait coûter la vie ». Toutes choses qui, dans la future modernité, celle du marchand, n'a pas de sens. Il incarne la crainte de se perdre en basculant dans un monde nouveau. C'est cette ambivalence qui fait son universalité.

Le second, William Shakespeare, naît en 1564 et meurt le 23 avril 1616, jour de ses 52 ans et des obsèques de Cervantès. L'immensité de son œuvre révolutionne le théâtre, en y introduisant l'histoire anglaise dans *Henri II*, le droit à l'amour dans *Romeo et Juliette*, à la passion dans le *Roi Lear*, à la folie dans *Hamlet*, à l'utopie dans *La Tempête*, toutes les dimensions de la condition humaine que la liberté va déchaîner. Sans être pour autant une simple reprise des thèmes grecs.

Naissance d'un « après Anciens et Modernes »

Avec le XVIIe siècle commence aussi une querelle que les contemporains vont nommer « entre Anciens et Modernes ». Elle peut paraître aujourd'hui purement académique. En fait, elle est essentielle. Car elle va permettre, paradoxalement, de dépasser la dialectique des quinze siècles précédents entre le monde chrétien et le monde judéo-grec. Non pour retourner aux Anciens, comme le veulent leurs partisans, mais pour se servir d'eux afin de casser le carcan de l'Église (qui continue de se dire « moderne ») ; et inventer un troisième concept de modernité, un nouveau projet d'avenir. Celui de la Raison, qui ne dominera en Occident qu'à partir de la fin du siècle suivant.

En apparence, la bataille entre Anciens et Modernes est purement académique, et porte sur la question de savoir si on a le droit de se référer aux auteurs anciens, que l'Église continue de censurer, sans qu'elle n'ait plus vraiment les moyens de faire peur. Le premier coup de feu de cette bataille est tiré en 1612 par un écrivain et homme politique romain, favorable aux Anciens, Trajano Boccalini. Après avoir essuyé le refus de l'imprimatur des autorités ecclésiastiques romaines, il publie à Venise le premier tome d'un recueil intitulé *Ragguagli del Parnasso* (traduit sous le nom des *Nouvelles du Parnasse)*, vantant la *libertas philosophandi* des grands « résistants » de l'Antiquité : Socrate, Sénèque et Tacite. Boccalini y critique, parmi les auteurs « modernes », les « pédants » qui suivent l'Église mais accepte cependant les « virtuoses » qui s'intéressent aux questions nouvelles. Il compare la censure dans les différents pays et en déduit une vision de la situation économique, politique et militaire en Europe. Il attaque en particulier l'Espagne des Habsbourg, où la pensée des Grecs est persécutée. Ces *Ragguagli* connaissent un grand succès auprès des intellectuels des ports marchands d'Europe. En France, Richelieu se sert d'un autre texte de Boccalini (traduit en 1626 en français sous le titre *La Pierre de touche politique, où il est traité du gouvernement des principales monarchies du monde*) pour nourrir sa critique des monarques espagnols.

En 1620 (année de l'intuition capitale de Galilée : « Le Livre de la nature est écrit en langage mathématique »), un certain Alessandro Tassoni, conseiller du duc de Modène, va dans le même sens que Boccalini, dans *Ingegni antichi e moderni*, où il établit un premier parallèle systématique entre les Anciens et les Modernes. Tassoni est un des premiers à chercher une vérité qui ne soit ni chez les uns ni chez les autres. Il relativise le génie de l'Antiquité en le comparant aux réussites de la modernité, et inversement, modère le triomphalisme des Modernes en l'opposant au bilan glorieux des Anciens.

Parallèlement, à Londres, le philosophe Robert Burton prend parti pour les Anciens, dans *Anatomie de la mélancolie* (1621), un très grand livre qu'on peut considérer comme à l'origine de la psychologie moderne et de la psychanalyse. Comme Thomas More avant lui, il dénonce la société marchande et le progrès technique, qui peuvent détruire des modes de vies. Il voit la mélancolie comme une mesure de la future modernité. Il explique que la lucidité et la vérité sur l'époque se paient de deuil, de souffrance, d'isolement – parfois de folie.

Réponses des Modernes : un abbé italien, Secondo Lancellotti, dédie en 1623 au pape Urbain VIII un énorme ouvrage contre les Anciens, l'*Hoggidi* (du latin *hodiernus*, synonyme de *modernus* en latin tardif, ou « aujourd'hui »), célébrant le « siècle présent » et dénonçant « l'obscurité de toutes les époques passées ».

La même année, 1623, Campanella, dans *La Cité du Soleil* prône la création d'une république planétaire, dirigée par l'Église, autorisant une polygamie soumise à des critères astrologiques : « Maisons, chambres, lits, tout, en un mot, est commun entre eux. Tous les six mois, les magistrats désignent à chacun le cercle, la maison et la chambre qu'il doit occuper. [...] Tous les arts mécaniques et spéculatifs sont communs aux deux sexes. Seulement les travaux qui exigent plus de vigueur et qui se font hors des murs sont exécutés par les hommes. [...] Tous les individus au-dessus de vingt ans sont admis à donner leur avis sur l'état de la République, à faire valoir leurs plaintes contre les magistrats ou à leur accorder des éloges. »

« Toutes les choses possibles »

C'est à ce moment que le mot « moderne » commence à changer de sens : il ne désigne plus seulement les tenants de l'Église (qui condamnent Galilée en 1633), mais aussi ceux qui pensent que l'avenir humain peut, grâce à la raison, être meilleur que son passé : la modernité et le progrès rationnel deviennent, pour certains, des synonymes.

La science expérimentale, dont Aristote et d'autres Grecs se faisaient déjà les chantres, retrouve droit de cité. Dans son ouvrage *La Nouvelle Atlantide* (1627), le chancelier d'Angleterre et physicien Francis Bacon imagine à son tour une cité parfaite, dévolue à l'essor des sciences et des technologies sous le règne de la raison : « Notre Fondation a pour fin de connaître les causes et les mouvements secrets des choses et de reculer les frontières de l'empire de l'homme sur les choses, en vue de réaliser toutes les choses possibles. » Il ajoute, dans *La Nouvelle Atlantide*, que si l'ambition de l'homme est de dominer la nature, c'est dans le but d'en tirer des avancées concrètes, et pas théoriques : des machines agricoles, de nouveaux bateaux, de nouvelles horloges, et bien d'autres innovations. Dans le *Novum Organum*, il fait l'apologie du progrès matériel le plus concret : « Si la pratique doit être plus estimée que la simple spéculation, ce n'est pas tant qu'elle multiplie les commodités de la vie, mais parce que ses utiles applications sont comme autant de garants de la vérité. » Pour lui, le progrès humain est sans limites. Il faut, écrit-il, « reculer les bornes de l'empire humain en vue de réaliser toutes les choses possibles ». Enfin, dans un texte inachevé (*Les Merveilles naturelles*), il précise ce que seront toutes les choses possibles que l'homme inventera : « Une jeunesse presque éternelle, la guérison de maladies réputées incurables, l'amélioration des capacités cérébrales, fabriquer de nouvelles espèces animales et produire de nouveaux aliments, etc. » Texte si prémonitoire ! Le monde futur est là, la modernité d'aujourd'hui est clairement annoncée : il s'agit pour l'homme de se rendre maître de l'univers, de mettre la nature à son service.

Naissance des « nouveaux modernes »

Pendant ce temps en France, la querelle entre les Anciens et les Modernes sort de l'académisme : il s'agit désormais de savoir si l'avenir sera meilleur que le passé. Très vite, la bataille se fait éminemment politique, pour prendre le contrôle de l'esprit du Roi. Il y a donc bientôt trois camps : les Anciens, les Modernes et les nouveaux Modernes, pour qui le progrès n'est ni dans l'Église ni dans le culte des anciens, mais dans celui de la raison.

Un premier élément de cette nouvelle modernité est la promotion de la langue française, contre le latin. Quelques philosophes commencent à écrire en français : Descartes rédige en français les *Règles pour la direction de l'esprit* (1624) où il exclut la métaphysique des sciences, « étant donné que toutes les sciences ne sont rien d'autre que la sagesse humaine, qui demeure toujours une et toujours la même, si différents que soient les objets auxquels elle s'applique, et qui ne reçoit pas plus de changement de ces objets que la lumière du soleil de la variété des choses qu'elle éclaire ». Ce qui lui permet, deux ans plus tard, d'expliquer dans son très court *Traité de mécanique* que le monde tel qu'il existe n'est qu'un cas particulier, voulu par Dieu, de tous ceux qui étaient possibles et qu'on pourrait produire des choses artificielles tout aussi naturelles que les choses naturelles. « Je ne suis, précisément parlant, qu'une chose qui pense », écrit Descartes dans sa deuxième *Méditation*. En 1635, Richelieu crée pour cela l'Académie française, « marquant sa volonté de ne pas laisser le français au rang de suppléant du néo-latin ». En 1637, Descartes publie, également en français, son *Discours de la méthode*, où il affirme que toute connaissance vient de l'esprit, remettant en cause la scolastique aristotélicienne, parce que la recherche de la vérité doit viser à « devenir comme maître et possesseur de la nature », afin de prolonger la vie ou de la conserver. Et son *Ego sum, ego existo* est, d'une certaine façon, en tout cas en français, l'acte fondateur de la raison moderne.

Mais l'Église ne renonce pas à se battre : la même année, 1637, l'abbé de Boisrobert prononce à l'Académie française à peine créée un très violent *Discours contre les Anciens*, en fait pour la vérité révélée. À Paris, en 1666 (l'année même de la création de l'Académie des sciences qui va prendre parti pour les Anciens), l'Église continue à vouloir imposer sa vision de la modernité : un manuel destiné aux précepteurs des jeunes nobles présente une « table générale des sciences » dont les cinq premières sont : « De la Science en général », « De la Théologie », « De la Philosophie », « De la Jurisprudence » et « Des Conciles ». Ne viennent qu'ensuite : « De la

Médecine », « De la Rhétorique », « De la Grammaire », « De la Poésie », « Des Mathématiques ». Cela dit bien la hiérarchie des connaissances.

Dans cette bataille acharnée, dont l'objectif est, en France, de retenir l'attention du Roi, Perrault et Fontenelle prennent la tête du parti des « nouveaux Modernes ». Ils identifient les Anciens aux pédants et refusent de s'en tenir, pour l'avenir, à la conception grecque. L'Académie des sciences (dont Fontenelle est secrétaire perpétuel) soutient ces nouveaux Modernes et explique au Roi qu'il est de son intérêt de montrer au peuple que l'avenir sera meilleur que le passé. Charles Perrault écrit un poème sur le *Siècle de Louis le Grand* et des *Parallèles des Anciens et des Modernes en ce qui regarde les arts et les sciences*. Il écrit au Roi : « Ton Siècle, grand Roi, sur les siècles passés remporte la victoire ». La glorification du « siècle de Louis-le Grand », qu'on appellera bientôt en France le « Grand Siècle », alimente un optimiste dans l'avenir que pourtant rien ne justifie, car le niveau de vie dans les Provinces-Unies est alors quatre fois supérieur à celui des Parisiens. Dans le même sens, en 1686, Fontenelle, bientôt élu à l'Académie française, écrit les *Entretiens sur la pluralité des mondes* et en 1688 la *Digression sur les Anciens et les Modernes*. Pour lui, le progrès rationnel permet l'accumulation de richesses, sans remettre en cause la stabilité de la nature qui garantit le développement régulier du savoir et de l'avoir humains : « Il y a un ordre qui règle nos progrès ». Marivaux – un ami de Fontenelle –, écrira (dans

Le Miroir) : « Tous les hommes des siècles à venir auront l'éternelle obligation de savoir penser, et de penser mieux que lui [Descartes]. » « Non, Messieurs, la nature n'est pas sur son déclin, [...] la force de nos passions, et la médiocrité de nos connaissances, malgré les progrès qu'elles ont fait, devraient nous faire soupçonner que cette nature est encore bien jeune en nous ». Et en passant, les nouveaux Modernes ne critiquent pas seulement l'Église, mais aussi les Anciens, dont l'imitation leur paraît stérile.

Dans le camp des Anciens, l'Académie des Inscriptions et Médailles, avec ses quarante érudits philologues et orientalistes, procure des armes savantes à leurs défenseurs, rendant accessibles à tous les traductions en français de Cicéron et Tacite (qu'on nomme les « belles infidèles »). Boileau puis Racine et La Fontaine, chefs du parti des Anciens, s'imposent auprès de Louis XIV et organisent l'édition des classiques grecs et latins *ad usum Delphini* (pour le Dauphin) sur les presses de l'Imprimerie royale installée au Louvre. En 1674, Boileau fait paraître son *Art Poétique* contre les « Modernes ». Les Lettres françaises doivent, dit-il, être « préservées de toute servilité moderne par leur ancrage dans l'Antiquité » ; et elles serviront d'autant mieux le roi qu'elles s'enracineront dans le fonds permanent de vérité et de beauté que seule garantit, écrit-il, la filiation avec les Anciens. Apparaît alors en français, dans l'esprit des Anciens, une série de nouveaux genres littéraires majeurs : l'épopée (évocation des faits héroïques du passé), la tragédie (représentation des grands malheurs qui attendent les grandes âmes), l'élégie (le bonheur ne peut être que dans la nostalgie), la satire (aux défauts actuels sont opposées les vertus oubliées).

Certains dans l'Église tentent alors un compromis entre la foi chrétienne et la pensée judéo-grecque. Les idées des jansénistes sont rejetées par les jésuites, triomphants à la Cour. Même dans l'Église catholique, la grâce divine change de statut ; elle n'est plus énigmatique, indécidable, insensée ; elle devient le résultat d'un effort, d'un calcul, de comportements contractuels. En 1674, le prêtre oratorien Nicolas Malebranche (dans *De la recherche de la vérité*), veut concilier saint Augustin avec Aristote, Galilée et Descartes. Il explique qu'il est conforme à la structure de l'action divine (qui est générale, constante et immuable) que la Nature puisse être traduite en langage mathématique : « La constance des lois physiques est garantie par celle des décrets divins ». Et il faut oser modifier le monde tel que Dieu nous l'a laissé car Il n'a pas voulu créer un monde parfait. C'est à l'homme qu'il appartient de réparer le résultat de l'action divine car « lorsqu'on résiste à l'action de Dieu on ne l'offense nullement, et souvent même on favorise ses desseins ». Pour Malebranche, l'homme, seul dans le règne animal, peut progresser, parce qu'il peut acquérir et transmettre le savoir. D'où l'intérêt, explique-t-il, d'instaurer des « conférences » éducatives permanentes, grâce auxquelles se produira « un accroissement perpétuel et régulier de l'esprit humain ».

La Querelle, ailleurs : bienvenue à la Raison !

Peu à peu, hors de France, se structure le droit de cette modernité en devenir. C'est aux Provinces-Unies (puissance dominante du moment, en pleine guerre avec l'Espagne, puis avec la France), en 1625, qu'est défini, avec Grotius et *De jure belli ac pacis* « L'État juste ». Il distingue le droit naturel du droit volontaire. D'autres juristes protestants (comme Samuel von Pufendorf, professeur à Heidelberg, auteur en 1687 du *De habitus religionis christianae ad vitam civilem*, « Du pouvoir de la religion chrétienne dans la relation à la vie d'un citoyen ») soutiennent eux aussi que les églises n'ont plus aucun droit à revendiquer un pouvoir propre ; elles ne sont que des associations privées de croyants subordonnés à un prince temporel, à qui il incombe de prendre en charge leurs intérêts matériels. Et, ajoutent-ils, la recherche du bonheur sur la Terre est parfaitement légitime.

En Grande-Bretagne – nouvelle rivale des toutes puissantes Provinces-Unies –, se structure l'idée d'un État de droit laïque, qui formera bientôt l'assise du droit de la Raison. Après la révolution cromwellienne, en 1651, Hobbes édifie dans le *Léviathan* le cadre d'un État de droit nouveau, séparé du religieux et de l'antique, capable d'éviter le retour à un état de nature, à « la guerre de chacun contre chacun », et permettant à l'individu d'« user comme il le veut lui-même de son propre pouvoir en vue de la préservation de sa propre nature, c'est-à-dire de sa vie ». Le contrat, dit-il, est « le moyen le plus apte » à forger la paix, en se soumettant à la force d'un pouvoir souverain, sans recours à des principes religieux. Ainsi la peur de la violence conduit-elle à établir la paix par le renoncement libre de chacun à ses droits, au profit d'un pouvoir absolu. L'État acquiert alors une compétence universelle ; et le progrès dans l'art de gouverner justifie l'extension de son domaine d'intervention. L'État doit être à la fois éducateur, médecin, marchand, mécène et directeur de conscience. Un État qui neutralise et absorbe le religieux.

À Londres, en 1689, Guillaume d'Orange et Marie d'Écosse (de retour sur le trône après la chute de Cromwell et de son fils) signent le *Bill of Rights*, qui reprend les garanties données par l'habeas corpus, le droit de vote et le droit de pétition. Mais en l'arrachant au contrôle religieux : alors que dans la doctrine de l'Église, tout ce qui n'est pas autorisé est interdit, désormais, tout ce qui n'est pas interdit est autorisé. L'année suivante, 1690, John Locke explique dans son *Second Traité du gouvernement civil* que le progrès est à venir et que les sociétés « sont d'ordinaire fort ignorantes dans leur naissance et leur enfance ». Pour lui, l'homme est d'abord à la recherche du bonheur rationnel : « L'affaire de l'homme est d'être heureux en ce monde, par la jouissance de ce qui est utile à la vie, à la santé, à la tranquillité et au plaisir. » Le travail en est le moyen. L'homme de la modernité est donc celui qui, par son action et sa raison, accède au statut d'homme libre et de citoyen. De ce texte sortira, un siècle plus tard, la Constitution américaine.

Bientôt, le philosophe irlandais William Temple réfute, en faveur des Anciens, dans *Essay upon Ancient and Modern Learning* (1692), la *Digression sur les Anciens et les Modernes* publiée par Fontenelle quatre ans auparavant. En 1694, un certain William Wotton réplique à Temple par ses *Reflections upon Ancient and Modern Learning* : il se range du côté des « nouveaux Modernes » et approuve l'édifice métaphysique que Descartes et Malebranche ont substitué à la religion. Il propose enfin de ne garder des Anciens que le seul terrain où ils sont clairement les meilleurs : celui de la littérature, de la poétique et du goût.

La Querelle se réduit alors progressivement à sa plus simple expression : une dispute sur l'importance d'Homère et de Virgile. En 1697, John Dryden, célèbre traducteur de *L'Énéide*, réplique, dans la préface à sa traduction, aux dédains de Perrault pour Virgile et Homère. Elle rebondit encore avec la traduction nouvelle de l'*Iliade* (1699) et de l'*Odyssée* (1708) par Mme Dacier en français et par Pope en anglais.

Richard Blackmore, médecin et poète anglais, renvoie alors les deux camps dos à dos dans *Essays upon Several Subjects* (1716), en montrant l'importance de fonder l'avenir sur une bonne connaissance du passé : « Les abeilles, dit Ésope, tirent leur miel et leur cire du suc de nombreuses fleurs et de ce donné naturel elles extraient les substances aussi essentielles à la joie et à la sagesse humaines que la douceur et la lumière. Les araignées au contraire veulent tout tirer d'elles-mêmes ; leur orgueil va puiser dans leurs propres excréments le fil abstrait dont elles font leurs toiles géométriques. Ce sont des pièges de mort, dont leurs proies deviennent captives et victimes. »

Des voix dissonantes continuent de se faire entendre dans les Églises, dénonçant encore le progrès matériel. À la fin du XVIIe siècle, des penseurs calvinistes, autour de Pierre Jurieu, et les jacobites anglais sont eux aussi convaincus que le monde court à son malheur et que l'Apocalypse est pour bientôt.

Dans les monarchies du Sud et de l'Est, où seul compte encore le caprice du prince, parce qu'après lui, c'est le déluge, quelques contradicteurs commencent à s'exprimer. L'abbé de Saint-Pierre s'explique en 1719 dans le *Discours sur la Polysynodie* : le « meilleur des gouvernements » est aussi le « gouvernement des meilleurs ». Il souhaite l'instauration d'une fonction publique transparente, strictement hiérarchisée en grades successifs, où l'espoir d'une promotion exclusivement due au mérite créera un mouvement perpétuel d'émulation capable d'animer toute la machine. Ainsi, écrit l'abbé de Saint-Pierre, « il faudrait ôter toute idée de sacre et de couronnement. » Pour lui, le progrès de la raison humaine universelle « ne saurait croître que par l'augmentation du commerce des lumières des personnes éclairées ». Les « Lumières »...

Ailleurs, en Europe du Nord, la troisième conception de l'avenir, apparue dès le XIIe siècle, s'impose progressivement. Elle est faite de foi dans la raison et dans la liberté, c'est-à-dire dans la démocratie et le marché.

4

Esquisse d'une modernité de la Raison : la démocratie

Le XVIIIe siècle

En Europe du Nord progresse par petites touches une conception de l'avenir où le progrès matériel est reconnu comme projet d'avenir ; la raison y impose peu à peu deux mécanismes de gestion de la rareté dans la liberté : le marché et la démocratie. L'un pour les biens privés, l'autre pour les biens publics. S'impose doucement l'idée que l'homme est naturellement bon, qu'il a droit au progrès matériel, et que, s'il ne suit pas le chemin de la vertu, c'est qu'il est victime d'une mauvaise organisation de la société.

La révolution de l'évolution

Au début du XVIIIe siècle, on ne sait encore rien de l'histoire humaine antérieure au monde grec, parce que nul n'ose penser sans référence à la Genèse, qui fixe à quelques milliers d'années la naissance de l'univers, et de l'humanité. On ne peut donc pas penser la réalité de l'évolution de l'univers. Ni même oser croire que l'espèce humaine a évolué dans la longue durée. Des questions surgissent pourtant : depuis quand l'homme existe-t-il ? Qui étaient ces hommes des millénaires antérieurs ? Comment vivaient-ils ? Ressemblaient-ils aux actuels indiens d'Amérique ? Peut-on en déduire que l'humanité évolue depuis longtemps ? Y a-t-il un sens de l'Histoire ? Le progrès est certes devant nous, mais n'est-il pas aussi derrière nous ?

Étrangement, peu de gens s'intéressent alors à ces questions, sinon quelques esprits extrêmes, comme Blaise Pascal, qui démontre l'incohérence entre le calendrier biblique et celui des dynasties chinoises, et qui en déduit que la Genèse était nécessairement métaphorique. On en est encore aux raisonnements mêlant les dieux et les hommes, dans un embryon de théorie de l'histoire. Ainsi, à Naples, en 1708, le philosophe et historien Giambattista Vico propose encore une conception du déclin qui fait se succéder « l'âge des dieux », « l'âge des héros », puis l'âge des hommes, conduisant à l'égalité et au retour de la barbarie.

Un premier écrit vient faire reconnaître que l'humanité existe, et évolue depuis bien plus longtemps qu'on ne le pense encore. C'est le texte fondateur de la nouvelle modernité, parce qu'il institue l'idée d'une rationalité porteuse de progrès de longue durée. C'est un petit opus, un mémoire de deux pages, *Des origines et des usages de la pierre de foudre* (1723), dans lequel un jeune inconnu, Antoine de Jussieu, émet l'hypothèse, alors totalement inédite, que la pierre, polie et lisse, qu'on trouve en de nombreux endroits en Europe, n'est pas, comme on le croit alors communément, le produit de la foudre mais « le résultat d'une activité humaine préalable à la métallurgie, telle qu'on la trouve encore chez les Indiens d'Amérique ». « Préalable à la métallurgie » ; tout est là : l'humanité existe donc, propose-t-il, depuis bien plus longtemps que ce qu'on osait croire jusque-là. Il ne s'agit pas encore de l'intuition d'une évolution physique des espèces préalables à l'*Homo sapiens sapiens*, mais déjà celle de l'accumulation longue de son savoir technique. Jussieu vient en effet de découvrir que les premiers hommes ont sans doute taillé la pierre, comme le font toujours au XVIIIe siècle certains peuples indigènes d'Amérique du Nord, observés alors avec attention, quand on ne les massacre pas.

L'enjeu est très important : non seulement parce que Jussieu pose les bases de ce qui deviendra l'archéologie et l'histoire longue de l'humanité, mais aussi parce qu'il affirme que celle-ci évolue matériellement et rationnellement depuis des millénaires, par le jeu de son intelligence pratique et de l'expérimentation ; et il en déduit implicitement qu'elle continuera à le faire, sur tous les plans.

Dans le même sens, l'année suivante, le jésuite français Joseph-François Lafitau publie, après un long séjour au Canada, *Mœurs des sauvages américains comparées aux mœurs des premiers temps*, dans lequel il veut montrer que des civilisations existaient avant celles des Hébreux et des Grecs, et qu'elles avaient une racine commune, qui remonte, dit-il, au premier homme ; ce qui lui permet de rester cohérent avec le récit de la Genèse. (Il faudra encore un siècle pour que l'archéologue danois Christian Thomsen théorise la distinction entre l'âge de pierre, l'âge de bronze et l'âge de fer, en classant ainsi les objets fossiles du musée national du Danemark.)

Tout le monde n'est pas encore convaincu par cette vision de l'Histoire : en 1734, le poète et homme politique anglais George Granville prend acte de la succession des périodes, mais continue à croire, comme Hésiode, Lucrèce et Vico, à une évolution de l'humanité vers le pire. Ce qui peut se comprendre, au vu des champs de bataille de l'Europe et de la misère des villes anglaises. Il écrit :

Chaque âge, habile à inventer de nouveaux crimes,
Cherche à y supplanter les âges précédents
Mais aujourd'hui
Nous sommes si parfaits en tout ce qui est mal
Que nos fils ne pourront plus rien y ajouter.

L'Église combat elle aussi toujours l'idée d'un progrès humain, d'un âge d'or à venir : « La bonne philosophie le trouve absurde, et l'Histoire le dément », s'écrie l'abbé Nicolas Trublet dans le *Journal des savants* de février 1739, en réponse à un écrit anonyme, *Lettres philosophiques sur l'âge d'or et le bonheur*, paru à Londres en 1738.

De la modernité en musique

La musique est souvent, et sera de plus en plus, l'occasion d'affrontements du nouveau et de l'ancien. Et de scandales révélateurs de la difficulté des peuples à recevoir l'innovation. Une querelle, dite des « Bouffons », va encore montrer le peu de réceptivité de la France au neuf. En 1733 est représenté sur scène à Paris le premier opéra de Jean-Philippe Rameau (*Hippolyte et Aricie*), qui bouleverse les lois du genre établies par Lully. Une bataille commence entre les « ramistes » et les « lullystes », qui reprochent au premier des harmonies trop complexes, une musique trop présente et un livret trop plat. La cour préfère encore Lully. De plus, le public juge la musique française, lullyste ou ramiste, trop froide, abstraite, compliquée. En 1752, l'Académie royale de musique ose inviter à Paris une troupe napolitaine qui joue *La Serva Padrona* de Pergolèse, à la partition simple et mélodieuse. Et surtout, traitant de sujets populaires, et non pas des sujets religieux et compassés familiers aux musiciens français. Ce premier *opera buffa* (« drôle » ou « bizarre » en italien) a un énorme succès et déclenche une véritable guerre, qu'on nommera plus tard la « querelle des Bouffons ». La reine, Marie Leczynska, est du côté des modernistes et favorable aux Italiens ; la favorite, Mme de Pompadour, est du côté des traditionalistes et pour la musique française. Dans le « coin de la reine », situé au parterre, au-dessous de la loge de la reine, se regroupent les hommes des Lumières (Diderot, d'Alembert, Rousseau, d'Holbach, Grimm). Dans le « coin du roi », situé aussi au parterre, sous la loge du souverain, se retrouvent les conservateurs (Cazotte, Fréron, Palissot et le neveu de Rameau, que Diderot n'a pas encore rencontré). La dispute touche tout Paris : Rousseau racontera la scène dans *Les Confessions* en ne manquant pas cette occasion de dire du bien de lui-même : « Tout Paris se divisa en deux partis plus échauffés que s'il se fût agi d'une affaire d'État ou de religion. L'un plus puissant, plus nombreux, composé des grands, des riches et des femmes, soutenait la musique française ; l'autre, plus vif, plus fier, plus enthousiaste, était composé des vrais connaisseurs, des gens à talents, des hommes de génie. » Dont lui, évidemment !

La Pompadour, et le conservatisme, l'emportent vite : l'année suivante, 1753, un édit royal interdit les représentations d'opéras-bouffes et provoque le retour en Italie des « bouffons ». Au même moment, Rameau, soutenu par la Pompadour, triomphe avec *Castor et Pollux* : la Cour regarde l'avenir à reculons.

Le progrès par la circulation du savoir

Le refus de l'autorité, de la tradition et de la censure va engendrer les grands textes qui, tout au long du XVIIIe siècle, structureront une nouvelle conception de la démocratie et de son organisation, et la lutte contre l'arbitraire du monarque. Le premier d'entre eux, *L'Esprit des lois* de Montesquieu, pose clairement l'enjeu : « Pour qu'on ne puisse abuser du pouvoir, il faut que, par la disposition des choses, le pouvoir arrête le pouvoir. » « Tout homme qui a du pouvoir est porté à en abuser. [...] Il faut que, par la disposition des choses, le pouvoir arrête le pouvoir. » Et, un peu plus tard, un grand observateur de Versailles, le marquis d'Argenson, notera dans son journal : « Les deux tiers de l'espace que durent les monarchies sont remplis de monarques trop jeunes, trop vieux, trop infirmes, ou livrés à la débauche et à la volupté », ce qui explique qu'« un tel gouvernement dégénère en tyrannie ».

Diderot va, au même moment, jouer un rôle clé dans l'accélération de l'avènement d'une troisième modernité : pour hâter le progrès de la raison, le savoir technique et les idées philosophiques doivent être mis à la portée des élites du moment. Telle est la fonction de *L'Encyclopédie* qu'il lance, en partie avec d'Alembert.

Même si l'initiative en revient à des francs-maçons anglais, ce grand travail français est une ode à la raison, au progrès, au refus des dogmes, à la lutte contre l'obscurantisme, au savoir technique des artisans (Diderot est fils de coutelier). *L'Encyclopédie* organise une plus grande transparence du savoir, condition nécessaire au progrès de la raison. Elle passe toutefois à côté de certaines grandes innovations qui vont bientôt révolutionner l'industrie (la machine à vapeur par exemple).

Première de ce genre en Europe, *L'Encyclopédie* donne à la modernité un sens purement chronologique, sans jugement de valeur. L'article « Moderne » de *L'Encyclopédie* mérite d'ailleurs d'être cité dans son intégralité :

« MODERNE, ce qui est nouveau, ou de notre temps, en opposition à ce qui est *ancien. Médailles modernes* sont celles qui ont été frappées depuis moins de trois cent ans ; Naudé appelle *modernes* parmi les auteurs latins, tous ceux qui ont écrit après Boèce. On a beaucoup disputé de la prééminence des anciens sur les *modernes* ; & quoique ceux-ci ayant eu de nombreux partisans, les premiers n'ont pas manqué d'illustres défenseurs. *Moderne* se dit encore en matière de goût, non par opposition absolue à ce qui est ancien, mais à ce qui était de mauvais goût : ainsi l'on dit l'*architecture moderne*, par opposition à l'*architecture gothique*, quoique l'architecture *moderne* ne soit belle, qu'autant qu'elle approche du goût de l'antique.

« MODERNE, adj. (*Math.*) se dit des différentes parties des Mathématiques & de la Physique, en comparant leur état & leur accroissement actuel, avec l'état où les anciens nous les ont transmises. L'Astronomie *moderne* a commencé à Copernic ; la Géométrie *moderne* est la Géométrie des infiniment petits ; la Physique *moderne* était celle de Descartes dans le siècle dernier, & dans ce siècle-ci c'est celle de Newton. » Rien de plus.

En Angleterre, une autre encyclopédie est ensuite rédigée : la *Britannica*, pendant qu'un Écossais,

Adam Smith, travaille à deux livres qui auront une profonde influence sur cette nouvelle conception de la modernité. Dans *Les Sentiments moraux*, qu'il publie en 1759, il décrit comment les principes de la nature humaine suscitent la création d'institutions politiques. Critiquant les théories de l'égoïsme, il explique que chacun est doté d'empathie et d'une sorte de surmoi, qu'il nomme « l'homme intérieur », qui lui permet de se constituer en « observateur impartial » de soi-même et d'en tenir compte pour agir. Il en résulte « un champ de connaissances communes à l'acteur et aux spectateurs qui engendrent l'ensemble du système des règles (dont celles de justice) qui permettent la maîtrise des passions ». Puis il travaille à expliquer *La Richesse des Nations*. Pour lui, l'origine en est le travail et la raison, dont il distingue trois manifestations : la division du travail, l'accumulation de capital et la croissance du marché. Le progrès de l'économie est lié à l'émancipation de l'individu, à la dissolution des castes et à la naissance de la démocratie. Il fait ainsi le lien entre marché et démocratie, qui seront les deux piliers de la future modernité.

Au même moment, dans cet embryon de démocratie de marché qu'est la Grande-Bretagne, où la noblesse accepte de déroger pour produire, les machines nouvelles (à tisser ou à extraire le charbon), changent la donne. L'industriel – en fait, le gentleman devenu industriel – passe devant le marchand. Les paysans deviennent ouvriers. Les villes se développent. Des fortunes se constituent, sur les malheurs du peuple.

En Allemagne, Moses Mendelssohn (le grand-père du musicien Felix Mendelssohn), par son commentaire du *Traité de logique* de Maïmonide, et par sa traduction de la Torah en allemand, rappelle aux juifs d'Europe (en situation de soumission et d'exclusion) qu'ils peuvent, comme le faisait déjà Maïmonide, participer au progrès de la Raison sans renoncer à leur identité. Kant, qui s'inspire de Mendelssohn, achève alors la rupture entre la société politique et l'instance divine incarnée par la papauté, les Églises et le détenteur du pouvoir temporel, roi ou empereur. Il installe l'État constitutionnel rationnel comme organe de la société civile et refoule la religion dans la sphère privée. Pour lui, le souverain Bien, c'est l'union de la vertu et du bonheur, donc de la loi et de l'individu : « Ose savoir. Aie le courage de te servir de ton propre entendement. »

L'un et l'autre témoignent du rôle que joueront ensemble les juifs et les Allemands dans la mise en place de la nouvelle modernité, au siècle suivant.

En attendant, c'est en Amérique, puis en France, que la modernité de la raison va dessiner les premières esquisses de la démocratie de marché.

La révolution américaine : prémisses de la démocratie de marché

Toutes ces réflexions vont bientôt déboucher sur des révolutions. En quelque treize ans, de 1776 à 1789, la révolution américaine met en pratique la conception de la modernité politique qui s'est construite en Europe depuis six siècles, dans le sang et les larmes, sans avoir encore aboutit dans aucun pays du continent : elle fonde un État rationnel et laïque, sans monarque, au service de la protection de la propriété privée, de la libre entreprise et de la liberté individuelle. Une société où le marché et la démocratie sont les deux modes de gestion de la rareté privée et publique, et se renforcent réciproquement. Une démocratie de marché. Ce qui fera dire à Tocqueville : « La révolution américaine éclata, et le dogme de la souveraineté du peuple sortit de la commune et s'empara du gouvernement. » (*De la Démocratie en Amérique*, I). Avec toutefois encore bien des limites : personne ne pense à donner le droit de vote aux femmes ni à abolir l'esclavage.

Avec la naissance de ce nouveau pays, utopie européenne débarrassée de mémoire, la nouvelle modernité peut s'affirmer. Elle se donne comme but la raison, les droits de l'homme, le progrès technique, la démocratie, la libre entreprise, la conquête. Elle revendique explicitement ses racines judéo-grecques, infiniment présentes dans la pensée et les symboles de la nouvelle nation, qui se vit d'ailleurs comme une nouvelle Terre promise.

L'histoire de la rédaction de la Constitution américaine est un moment essentiel de l'accouchement de la troisième modernité. L'objectif des pères fondateurs des États-Unis, qui vont en établir le texte, nourris de Locke et de Montesquieu, est d'abord de créer une république confédérée entre les États qui constituent la colonie et qui, pour la plupart, se sont déjà dotés d'une Constitution. Ils se vivent comme des Modernes, face aux colonisateurs britanniques – qui sont pourtant, en Europe, parmi les plus avancés.

Le premier acte de la révolution américaine est la proclamation, en 1776, d'une déclaration des droits de l'homme, dans laquelle Thomas Jefferson s'inspire du *Traité sur le gouvernement civil* de John Locke : le droit de propriété y est reconnu au premier rang. L'année suivante, le Congrès propose la constitution d'une confédération, qui devrait à tout prix éviter d'imiter l'État trop centralisateur et puissant du colonisateur. Thomas Jefferson affirme : « Le gouvernement pour lequel nous avons combattu [...] ne devrait pas seulement être fondé sur des principes libres – c'est-à-dire sur les principes du gouvernement limité – mais les pouvoirs devraient aussi y être répartis de façon équilibrée entre ses divers corps, de telle sorte que nul ne pût outrepasser leurs limites légales sans être efficacement freiné et retenu par les autres. » (*Notes on the State of Virginia*, question XIII). Un autre rédacteur, James Madison, reprend une idée de Montesquieu, selon qui le principe fédéral convient particulièrement bien aux territoires en expansion (*The Federalist*, 43). Il ajoute que l'homme peut se changer en « bête de proie vorace ». Un gouvernement est donc nécessaire pour limiter les pouvoirs et sa nécessité constitue un « blâme décerné à la nature humaine ».

La Constitution est ratifiée en 1781, juste avant la victoire décisive de Yorktown contre les Anglais, le

19 octobre. En 1783, les États-Unis d'Amérique sont reconnus par les puissances étrangères. Mais la confédération ne fonctionne pas : les États ne veulent pas la financer. Une deuxième convention, réunie en septembre 1786, charge Alexander Hamilton d'établir un nouveau projet ; il tire une conclusion de l'échec de la confédération : « Donnez tout le pouvoir au grand nombre et la minorité sera opprimée ; donnez tout le pouvoir à la minorité et le grand nombre sera opprimé. » Une troisième convention, réunie le 25 mai 1787 à Philadelphie, adopte une nouvelle Constitution, fondée sur une stricte séparation des pouvoirs. Elle autorise l'esclavage et n'accorde pas le droit de vote aux femmes. Elle est ratifiée par les États et s'applique depuis le 4 mars 1789. Le 6 avril, George Washington est élu premier président des États-Unis à l'unanimité des délégués.

La Révolution française : la « gauche », autre nom de la modernité de la Raison

Pendant ce temps, en France, la monarchie est discréditée par absence de projet d'avenir, totalement coupée du peuple dans ses mœurs comme dans sa pratique politique.

Dès les premières séances de l'Assemblée nationale constituante issue le 17 juin 1789 des États généraux, les défenseurs des privilèges (noblesse et clergé) s'installent d'autorité dans les fauteuils situés à droite du président de l'Assemblée, considérés comme places d'honneur. Ils reprennent ainsi à leur compte une conception de la modernité tournée vers le passé, la modernité de la Foi. Un député de la noblesse, le baron de Gauville, note d'ailleurs dans son journal : « Nous commencions à nous reconnaître : ceux qui étaient attachés à la religion et au Roi s'étaient cantonnés à la droite du président, afin d'éviter les cris, les propos et les indécences qui se passaient dans la partie opposée. »

À l'inverse, les opposants à la monarchie absolue s'installent sur les sièges libres, à la gauche du président. Le « côté gauche » (ou « coin du Palais-Royal ») désigne alors les partisans de la modernité de la Raison. Le *Moniteur* relate que « soit effet de hasard, soit que l'identité du sentiment engageât les amis du peuple à se rapprocher entre eux et à s'éloigner de ceux qui ne partageaient pas leur opinion, on s'aperçut qu'ils affectionnaient le côté gauche de la salle et qu'ils ne manquaient jamais de s'y réunir ». Adrien Duquesnoy, député du tiers-état de Bar-le-Duc, enregistre dans son *Journal*, à propos de la séance du 25 août, que la salle rassemble dans le même côté (gauche) « des hommes qui, quelquefois, sans doute, ont des opinions exagérées, mais qui, en général, ont de la liberté et de l'égalité une idée très élevée ». Il ajoute que la droite regroupe « les hommes dont les idées moins élevées, les opinions moins prononcées, leur donnent un caractère de faiblesse ».

Pendant la Législative, l'année suivante, le pli est pris : bien que la règle de non-rééligibilité imposée par les constituants oblige un renouvellement complet du personnel politique, les clivages droite / gauche, se reforment immédiatement : « Les places qu'avaient occupées au côté gauche, dans l'assemblée constituante, les vrais défenseurs de la liberté, furent envahies, emportées d'assaut par les plus fougueux novateurs, note le feuillant Mathieu Dumas. Un beaucoup plus grand nombre d'hommes éclairés et d'opinions modérées, observateurs presque indifférents, se jetèrent dans le centre où leur masse et leurs rangs serrés pouvaient, par le poids et la force numérique, avoir à leurs yeux l'apparence d'une immense majorité et rassurer leur timidité. Il ne resta aux amis consciencieux de la Constitution que les places qu'avaient occupées à la droite, dans l'assemblée précédente, les défenseurs de l'Ancien Régime. Ainsi fut coupée l'Assemblée législative dès ses premières séances, et jusqu'à sa clôture, rien ne fut changé à cette disposition locale. »

Pendant la Convention, à partir de 1793, les thermidoriens veulent « terminer la Révolution » et, pour cela, souhaitent « rompre ces groupes de partis qui présentent l'enceinte du corps législatif comme un champ de bataille » (*Le Moniteur*, septembre 1795)... « Les places des députés seront tirées au sort tous les mois. Ainsi les députés, grâce à cette rotation fréquente, apprendront à mieux se connaître, et les opinions, mieux individualisées, se fondront plus aisément en une opinion tout à fait générale ». De fait, c'est un temps le chaos absolu, hommes de gauche et de droite se retrouvent souvent unis sur l'échafaud.

Puis, avec le Directoire, une période plus paisible commence. La modernité de la Raison reste désignée comme « la gauche ». Celle de la Foi comme « la droite ». Bientôt, cela sera vrai dans le monde entier.

Naissance de l'État moderne

Au total, les révolutions américaine et française constituent l'aboutissement brutal d'idées élaborées au cours de siècles précédents, de More à Rousseau, de Vico à Hobbes, de Locke à Montesquieu. À travers ces multiples aléas, en France, de la Constituante au Directoire, assiégée par des ennemis de l'intérieur et de l'extérieur, la Révolution détruit les privilèges des nobles et de l'Église, instaure une déclaration des droits de l'homme, libère les enfants et les femmes des contraintes les plus extrêmes. Elle conserve l'État centralisateur de la monarchie, hérité de l'Empire romain, dont n'a pas voulu la révolution américaine, comme système organisateur et instrument rationnel de contrôle social, d'archivage et de surveillance. Elle met en place l'État moderne, avec son système constitutionnel, son organisation politique et bureaucratique.

L'État français devient, pour Hegel (dans *La Phénoménologie de l'esprit*), « l'incarnation concrète de l'Esprit, le lieu de conciliation du principe de liberté et du principe d'harmonie », l'instrument de l'humanité pour entrer dans l'ère de la reconnaissance et de la réalisation. Ce qui ne supprime pas le droit de l'individu de se révolter contre le souverain si celui-ci n'assure plus la paix sociale. L'État organise tout de suite l'unification des poids et mesures, la départementalisation, la création des grandes écoles d'ingénieurs. En 1799, le ministre de l'Intérieur exige la fin du secret : « Le despotisme faisait un mystère des affaires de la nation ; elles n'étaient à ses yeux que les affaires d'un seul homme, le peuple n'était compté pour rien. » Le même principe doit s'appliquer à l'ordre international. De fait, le retour de la dictature ne se fera pas trop attendre.

Kant parle d'une « monarchie universelle » dans laquelle, comme les individus se sont unis, pour passer de la sauvagerie à la tranquillité de l'état civil, les États vont se réunir sous l'autorité d'un arbitre unique et obtenir ainsi une « paix perpétuelle » (Kant) qui parachèvera le contrat originel en constituant une société unitaire. On voit ainsi surgir le nouveau projet d'avenir : une société rationnelle, pacifique, universelle. Pendant qu'aux États-Unis d'Amérique s'expérimente une démocratie de marché beaucoup plus décentralisée, pragmatique et tout aussi conquérante.

Modernisation des mœurs

La Révolution française permet à la France de rattraper d'un coup bien des retards pris sur l'Europe du Nord et les États-Unis, dans l'évolution des mœurs en particulier. La Constitution de 1791 sécularise le mariage : « La loi ne considère plus le mariage que comme un contrat civil. » La loi de Floréal an II institue le divorce par consentement mutuel et pour incompatibilité d'humeur.

En même temps, les vêtements se libèrent : les bas, les perruques, la poudre disparaissent. Les femmes et les hommes s'habillent de façon d'abord débraillée, sous la Législative et la Convention, puis folle, sous le Directoire, pour célébrer la fin de la Terreur. Puis de façon plus utile et pratique, retrouvant même, sous l'Empire, les fastes de l'Ancien Régime.

Puis tout change encore : pour les hommes, Chateaubriand décrit dans les *Mémoires d'outre-tombe* (I, 9) l'uniformité qui s'installe : « La variété des costumes avait cessé : le vieux monde s'effaçait ; on avait endossé la casaque uniforme du monde nouveau, casaque qui n'était alors que le dernier vêtement des condamnés à venir. »

Pour les femmes, la variété est de plus en plus de règle. On utilise désormais, en France puis ailleurs, le mot « modes », au pluriel, pour désigner les vêtements et accessoires pour dames et pour enfants. Les revues et les estampes vulgarisant les « modes nouvelles » se multiplient. En particulier à Paris, avec la création, en 1797, par le libraire parisien Jean-Baptiste Sellèque, du *Journal des dames et des modes*, qui sera dirigé pendant trente ans par l'étrange abbé Pierre-Antoine Leboux de La Mésangère qui visite tous les lieux parisiens où se font « les modes » : les allées et les jardins (comme la célèbre promenade du Palais-Royal), les foyers des théâtres où s'affichent les tenues nouvelles élaborées par couturières et « modistes ». Il rédige les articles et s'occupe des gravures. Sa revue traversera le Consulat, l'Empire et la Restauration sans que sa publication ne soit jamais ni interrompue ni censurée.

Ainsi se clôt la longue période pendant laquelle l'avenir était hors du monde. Le projet de la modernité devient désormais la quête de la liberté, dans tous les domaines : les puissants veulent protéger leurs libertés ; les plus faibles veulent conquérir les leurs. Les uns et les autres sous le règne de la Raison.

5

Le triomphe de la modernité de la Raison : la démocratie de marché

Le XIXe siècle

Au XIXe siècle en Occident, le marchand, le bourgeois, impose son idéologie : est moderne ce qui accroît sa liberté, ce qui produit des richesses pour lui, ce qui le fait avancer techniquement. Seule la démocratie de marché assure son pouvoir. Seule la raison est moderne, seule l'économie de marché est efficace. Seule la croissance la détermine. Seul le profit le mesure. Les philosophes et penseurs politiques sont progressivement remplacés par les économistes. Comme à chaque fois qu'un nouveau groupe arrive au pouvoir, la classe dirigeante nouvelle n'admet plus comme « moderne » que les changements qui renforcent son pouvoir idéologique et matériel, conforte sa conception de l'Histoire et l'installe pour l'avenir. La modernité est désormais le changement qui instaure le marché et la démocratie en tant que règles institutionnelles et la raison comme finalité.

La classe dominante, la bourgeoisie, décide de ne se plier à aucune règle ni aucune loi qu'elle n'ait elle-même fixées ; de n'admettre comme vrai que ce qu'elle est capable de comprendre par elle-même ; de renvoyer la foi à la sphère privée ; de construire le monde comme si Dieu n'existait pas. Ou, du moins, n'existait plus. L'homme s'affirme maintenant comme rationnel et libre, maître de la nature, en charge de son amélioration. Il sait qu'il ne peut échapper à la rareté et qu'il faut l'organiser rationnellement par le marché et la démocratie. Il sait que le progrès ne vise qu'à élargir les murs de sa prison. Pas à lui permettre de s'en évader : il reste mortel et ne croit plus en son immortalité. Il en transfère le projet sur le bonheur de ses enfants.

De la liberté chez les Modernes

En 1819, alors que le continent sort à peine de la période révolutionnaire et napoléonienne, et que toute l'Europe aspire à la paix, l'écrivain et homme politique français Benjamin Constant pose les principes de la nouvelle société à construire, valable pour toute l'Europe, dans un texte très important, *De la liberté chez les Modernes.* Pour lui, la « liberté des Anciens » n'avait de sens que dans des sociétés de petite taille, comme Athènes, où des citoyens, ayant vécu la même histoire, pouvaient se rassembler pour débattre. Alors que la « liberté des Modernes », qui s'adresse à de bien plus grandes nations, est fondée sur une participation limitée des citoyens, par l'intermédiaire de représentants et d'un État en charge de garantir la liberté : « Puisque nous sommes dans les temps modernes, je veux la liberté convenable aux temps modernes. La liberté politique en est la garantie ; la liberté politique est par conséquent indispensable. » Il définit ainsi les libertés individuelles : « Le but des Modernes est la sécurité dans les jouissances privées ; et ils nomment liberté les garanties accordées par les institutions à ces jouissances. » Les institutions politiques doivent donc être soigneusement contraintes, pour écarter tout excès de pouvoir : « Toute autorité qui n'émane pas de la volonté générale est incontestablement illégitime. [...] Au point où commence l'indépendance de l'existence individuelle, s'arrête la juridiction de cette souveraineté. Si la société franchit cette ligne, elle se rend aussi coupable de tyrannie que le despote qui n'a pour titre que le glaive exterminateur. La légitimité de l'autorité dépend de son objet aussi bien que de sa source. ».

Constant théorise alors ce qu'il a vécu sous la Terreur et qu'il pressent comme danger pour l'avenir : si on ne lui met pas de limite, le peuple souverain peut laisser advenir des gouvernements théoriquement « démocratiques » mais en réalité plus terribles encore que la pire des monarchies de droit divin. « La Loi étant l'expression de la volonté générale, elle devait, aux yeux des révolutionnaires, l'emporter sur toute autre puissance, même celle de la mémoire et du temps. » Et cette sombre prédiction : « Si on laisse le pouvoir occuper tout l'espace social, on se condamne à offrir au peuple en masse l'holocauste du peuple en détail. L'on peut trouver des motifs d'utilité pour tous les commandements et pour toutes les prohibitions. [...] C'est avec cette logique que de nos jours on a fait de la France un vaste cachot. »

Constant fait ainsi clairement le lien entre marché et démocratie : « Le commerce inspire aux hommes un vif amour de l'indépendance individuelle. » Le marché crée une demande de démocratie. L'homme moderne ne doit donc pas renoncer à ses droits politiques pour se concentrer sur la seule sphère économique. En particulier, la liberté de la presse est essentielle : « Toutes les barrières civiles, politiques, judiciaires deviennent illusoires sans liberté de la presse. »

Les bases de la nouvelle modernité sont posées. Reste à inventer le mot.

Modernité !

En 1822, le mot « modernité », dont il a tant été fait usage dans les chapitres précédents, de façon délibérément anachronique, apparaît pour la première fois. Et en français avant toute autre langue. D'abord en un sens neutre, dans un des tous premiers romans de Balzac, *Le Centenaire ou les deux Beringheld*, signé de son pseudonyme de jeunesse, Horace de Saint-Aubin. On y lit : « Au milieu des sublimes pensées de trois siècles, en contemplant le Musée, ce magnifique monument élevé par les peintres de tous les âges de la modernité. » La modernité désigne là simplement, étymologiquement, ce qui a lieu à un moment particulier. Et puis, plus loin, avec une connotation cette fois négative : « De la différence qu'il y a entre les pyramides d'Égypte et les constructions mesquines de la modernité. »

L'année suivante, 1823, Stendhal, dans un pamphlet contre le classicisme *(Racine et Shakespeare)*, explique que le « romanticisme » est une attitude artistique « moderne », prenant pour thème les mœurs du jour et des sujets empruntés à l'histoire nationale et non des sujets « anciens ». « Le romantique dans tous les arts, c'est ce qui représente les hommes d'aujourd'hui, et non ceux des temps héroïques si loin de nous, et qui probablement n'ont jamais existé. » La modernité est clairement encore associée à la gauche ; et le romantisme se veut une de ses expressions ; l'année suivante, en 1824, Stendhal écrit à propos du Salon que « ses opinions en peinture sont celles de l'extrême gauche » alors qu'en politique elles sont « centre gauche, comme celles de l'immense majorité ».

Pendant ce temps, le progrès technique continue de révolutionner la vie quotidienne et d'imposer un projet d'avenir autour de l'idée de Raison. D'abord avec la généralisation de la machine à vapeur dans les ateliers ; puis son usage dans les transports avec le train et le bateau qui permettent enfin à l'homme d'avancer plus vite que le cheval. L'artisan devient ouvrier ; certains marchands deviennent industriels.

La division du travail s'accélère. L'usine devient signe de modernité. Les hommes, les femmes et les enfants des campagnes sont enfermés dans les ateliers et les usines des villes. La photographie, apparue en 1826, bouleverse le regard sur la réalité et sur les œuvres d'art. La religion lâche prise. Les femmes, quand elles en ont les moyens, l'affichent par la mode. La démocratie de marché n'est encore qu'un instrument au service d'une infime minorité de notables. La littérature pense le monde et son avenir, Chateaubriand, comme Balzac et Stendhal, est convaincu du caractère irrémédiablement nouveau de son époque, après la rupture de la Révolution. Dans un passage de la quatrième partie des *Mémoires d'outre-tombe*, rédigé le 19 mai 1833 (soit onze ans après le texte de Balzac), relatant son premier voyage à Prague, Chateaubriand utilise lui aussi le terme « modernité », cette fois de façon péjorative, parce qu'en contraste aux beautés de la nature et du passé : « La vulgarité, la modernité de la douane et du passeport contrastaient avec l'orage, la porte gothique, le son du cor et le bruit du torrent. » Oubliant Balzac, Chateaubriand se targuera plus tard d'être, dans ce texte, l'inventeur du mot.

Au même moment, Émile de Girardin, qui n'en est pas à son premier périodique, rachète le *Journal des dames et des modes*, puis le revend en 1831 à Xavier du Fougerais, un conservateur qui lui rachète en même temps le journal *La Mode* que Girardin a fondé deux ans plus tôt, et où Balzac, Nodier, Lamartine et

Sue signent des articles. Cette même année 1831, la mort de l'abbé de La Mésangère, qui animait le *Journal des dames et des modes* depuis plus de trente ans, donne le coup de grâce à cette institution de la mode qui disparaît en 1836 ; année où Girardin crée *La Presse*, un quotidien qui va connaître un immense succès, révolutionner la presse, et la faire entrer dans la modernité, en se finançant par la publicité.

Balzac est d'ailleurs aussi à l'origine, au même moment, du mot « publicité » et de son utilisation dans le sens actuel (dans *César Birotteau*, écrit en 1837, le jeune Popinot lance son « huile céphalique » grâce à « une vive publicité »). En 1840 un journal prend le nom de *La Publicité* et se définit comme « journal d'annonces ».

En ce premier tiers du XIXe siècle, la mode est au noir pour les hommes. Baudelaire écrit : « N'est-il pas l'habit nécessaire de notre époque, souffrante et portant jusque sur ses épaules noires et maigres le symbole d'un deuil perpétuel ? Remarquez bien que l'habit noir et la redingote ont non seulement leur beauté politique, qui est l'expression de l'égalité universelle, mais encore leur beauté poétique, qui est l'expression de l'âme publique : une immense défilade de croque-morts, croque-morts politiques, croque-morts amoureux, croque-morts bourgeois. Nous célébrons tous quelque enterrement » (*Salon de 1846*).

« *Modernism* » : la tradition du nouveau

Dans la nouvelle Amérique apparaît le mot « *modernism* » pour désigner le projet américain : obtenir la suprématie sur le monde. Car les États-Unis sont l'unique nation, disent ses promoteurs, digne de se penser comme universelle et moderne. L'idée en est exprimée d'abord en 1837 par l'écrivain américain Ralph Waldo Emerson, dans son discours « The American Scholar », où il demande aux écrivains américains de se libérer de l'Europe, de créer leur propre style d'écriture, et fait l'apologie permanente du nouveau comme signe distinctif de la pensée américaine. Comme le dira bien plus tard le critique d'art Harold Rosenberg, la seule tradition en Amérique, depuis le XIXe siècle, est « la tradition du nouveau » (*The Tradition of the New*, 1959). Belle définition de la nouvelle modernité et du futur impérialisme américain.

Le mot « modernité » prend alors progressivement, dans tout l'Occident, le sens qu'on lui connaît aujourd'hui. Il apparaît d'abord avec ce sens en français dans une étude de Baudelaire sur le dessinateur Constantin Guys (*Salon de 1846*) : « Cet homme... cherche ce qu'on nous permettra d'appeler la modernité [...]. Il s'agit pour lui de dégager de la mode ce qu'elle peut contenir de poétique dans l'historique, de tirer l'éternel du transitoire. » Baudelaire en déduit une « théorie rationnelle et historique du beau, en opposition avec la théorie du beau unique et absolu ».

Le Beau est fait « d'un élément éternel, invariable » et « d'un élément relatif, circonstanciel ».

Modernité bourgeoise, modernité du prolétariat

La modernité de la Raison vise à affirmer la toute-puissance de la bourgeoisie. Mais la situation de la classe ouvrière et des masses rurales déplacées dans les taudis urbains est trop épouvantable pour ne pas entraîner des révoltes.

En 1848, le Printemps des peuples laisse espérer que la modernité de la Raison va devenir accessible à tous, que la lumière va triompher définitivement de la nuit de l'ignorance, comme l'écrira plus tard Victor Hugo dans *La Fin de Satan*. La modernité de la Raison devient un projet, un espoir universel.

Karl Marx, partant de la dialectique hégélienne, admire la modernité de la bourgeoisie. Il lui reproche seulement d'imposer au peuple, pour son seul bénéfice, une nouvelle forme d'aliénation et d'exploitation et de distinguer la conscience en deux morceaux : le citoyen, théoriquement émancipé, et le prolétaire, pratiquement asservi. Il prophétise que, lorsque la modernité de la Raison aura conquis la planète tout entière, par une mondialisation du capitalisme, une autre forme de cette même modernité s'imposera, qui permettra à tous les hommes, et d'abord au prolétariat actuel, de penser leur avenir comme vraiment libre, créant un homme « qui sache tenir tête aux exigences alternées du travail [...] et donne dans ses fonctions un libre essor à la diversité de ses capacités naturelles ou acquises » (*Le Capital*, 1). Le socialisme, c'est donc l'accès de tous à la modernité de la Raison.

Il s'agit pour Marx, plus précisément, de construire la liberté réelle de tous les individus par la transformation de la société, et non de construire la société future par la liberté des individus. Une transformation qui, pour lui, ne peut être que planétaire et postérieure au capitalisme. Et non, comme on le lui fera dire à tort plus tard, nationale, et contemporaine du capitalisme. Il propose donc une philosophie de l'Histoire optimiste, où la modernité de la bourgeoisie accouchera d'abord d'un accès de tous à cette modernité puis d'une autre modernité, fondée sur l'abondance absolue et la gratuité totale des biens. À la démocratie de marché, qui gère la rareté, se substituera, d'abord le socialisme, qui répartira équitablement les biens, puis le communisme, qui distribuera l'abondance à l'échelle de la planète. Et cela par le seul jeu des forces matérielles et des luttes sociales, qui déterminent les mouvements des idées : « Le mode de production de la vie matérielle conditionne le processus de vie sociale, politique et intellectuelle en général. Ce n'est pas la conscience des hommes qui détermine leur être ; c'est inversement leur être social qui détermine leur conscience », écrit-il dans sa *Contribution à la critique de l'économie politique*.

Comme Karl Marx et au même moment, Alexis de Tocqueville s'inquiète de la dynamique de l'Histoire, c'est-à-dire du sens donné à la modernité, au projet d'avenir de la démocratie de marché. Il pense comme Marx que la démocratie censitaire deviendra nécessairement une démocratie de masse, et que cela ne peut que conduire à un « pouvoir immense et tutélaire » fait de la coalition des aspirations individuelles à l'égalité, à la sécurité et au bien-être, privant la démocratie de ses bases morales, qui s'appuient, écrit-il, sur la discipline, le dévouement et l'ordre hiérarchique au service d'une élite. Autrement dit, pour lui, la modernité bourgeoise conduira à la dictature de l'égalité qu'il condamne ; alors que cette même modernité bourgeoise est, pour Marx, la condition nécessaire à la conquête de la liberté. Les deux plus grands penseurs de la modernité, au XIXe siècle, sont donc beaucoup moins éloignés l'un de l'autre qu'on voudra bien le laisser croire.

Le progrès, nouvel « évangile vivant de notre destinée »

Malgré les déchirements que représente l'enfermement dans les usines des paysans déracinés, la foi dans les bienfaits du progrès technique et de la croissance industrielle est maintenant partagée par une grande partie de la population, qui n'en conteste plus que la redistribution. Le progrès, explique-t-on, conduira à la généralisation de la démocratie de marché.

Le monde laïque doit donner aux efforts qu'il demande le sens d'une morale et d'une vision de l'Histoire, comme avant lui l'Église. Ainsi la société industrielle reprend-elle à son compte le vocabulaire de la modernité précédente, celle de la Foi.

En 1854, le journaliste et homme politique français Eugène Pelletan résume cette traduction du vocabulaire chrétien dans l'esprit nouveau par une *Profession de foi du XIXe siècle* : pour lui, le progrès est « l'évangile vivant de notre destinée ».

Au même moment, Auguste Comte propose, lui aussi, une « religion de l'humanité » et s'adresse au Général des jésuites pour lui proposer de participer à l'ordre et la paix dans le monde. Il voit dans les évolutions de la raison humaine, des sciences et de la civilisation une loi naturelle par laquelle le « progrès libérateur » doit l'emporter. Selon lui, l'esprit humain (et par extension l'humanité tout entière) passera par trois états successifs : « l'état théologique ou fictif », « l'état métaphysique ou abstrait » et « l'état scientifique ou positif ». Dans le premier âge, l'être humain doit inventer des dieux pour donner du sens aux phénomènes naturels qu'il ne comprend pas. Dans le deuxième, l'âge métaphysique, les créatures fictives du premier âge sont remplacées par des créations idéologiques abstraites comme *Du contrat social* de Rousseau. À l'âge scientifique, la vérité n'est accessible que par les sciences : « Le véritable esprit positif consiste surtout à voir pour prévoir, à étudier ce qui est, afin d'en conclure ce qui sera, d'après le dogme général de l'invariabilité des lois naturelles », écrit Comte. C'est bien la modernité de la Raison.

L'Église tente alors de s'opposer à cette appropriation de son vocabulaire par ses ennemis. En 1861, le pape Pie IX, dans son allocution *Jamdudum cernimus*, explique que « la modernité ou la nouveauté ne sont pas des critères de vérité ». Trois ans plus tard, le même pape condamne, dans un *Syllabus*, quatre-vingts propositions « modernes », dont « le libéralisme, le socialisme, le rationalisme, le gallicanisme, le panthéisme, naturalisme et rationalisme absolu, le rationalisme modéré, l'indifférentisme, le latitudinarisme, le socialisme, le communisme, les sociétés secrètes, les sociétés bibliques, les sociétés clérico-libérales, les erreurs relatives à l'Église et à ses droits ; les erreurs relatives à la société civile considérée soit en elle-même, soit dans ses rapports avec l'Église ; les erreurs concernant la morale naturelle et chrétienne ; les erreurs concernant le mariage chrétien ; les erreurs sur le principat civil du pontife romain ; les erreurs qui se rapportent au libéralisme moderne. » Il réfute en particulier la proposition selon laquelle « le pontife romain peut et doit se réconcilier et transiger avec le progrès, le libéralisme et la civilisation moderne ».

L'impressionnisme, premier « art moderne » ?

L'invention en 1841 aux États-Unis du tube de peinture souple en métal (commercialisé en France en 1859) et du chevalet transportable permet aux artistes de travailler en plein air, de chercher l'inspiration dans les paysages et de s'intéresser aux sujets de leur époque, comme le permet déjà depuis vingt ans la photographie. C'est un énorme bouleversement, qui donne à la modernité de la Raison une nouvelle dimension. Et l'on commence à théoriser l'art « moderne » comme justement celui qui s'occupe de son temps.

En 1855, Baudelaire écrit *De l'héroïsme de la vie moderne* puis *De l'idée moderne du progrès appliquée aux Beaux-Arts*, et enfin un texte sur le salon de 1859. Pour Baudelaire, la modernité est une volonté d'aimer son siècle et de le célébrer : « Il faut être absolument moderne » et adhérer à la beauté « bizarre » de son époque au lieu de la critiquer au nom des sacro-saintes règles classiques. Il explique que le peintre moderne doit cesser de représenter ses personnages dans des tenues antiques, et les situer dans l'instant présent, qui en fait déjà est passé au moment où il est fixé sur la toile. Et il ajoute, retrouvant la conception judéo-grecque de la modernité : « La civilisation consiste à effacer les traces du péché originel. »

En 1858, Théophile Gautier (le « poète impeccable » à qui Baudelaire dédiera *Les Fleurs du mal*) consacre une étude à Balzac, dans lequel il voit l'expression la plus parfaite de la nouvelle modernité : « Balzac ne doit rien à l'Antiquité – pour lui il n'y a ni Grecs ni Romains et il n'a pas non plus besoin de crier pour qu'on le délivre. On ne trouve dans la composition de son talent aucune trace d'Homère, de Virgile, d'Horace, pas même du *De viris illustribus* ;

personne n'a jamais été moins classique. Balzac, comme Gavarni, a vu ses contemporains : et dans l'art, la difficulté suprême c'est de peindre ce qu'on a devant les yeux ; on peut traverser son époque sans l'apercevoir, et c'est ce qu'ont fait beaucoup d'esprits éminents. »

En 1863, c'est au tour de la peinture d'entrer dans la nouvelle modernité : l'*Olympia* de Manet (inspirée en la détournant de la *Vénus d'Urbino* de Titien) scandalise. Baudelaire en fait un symbole. Dans une série d'articles (« Le Peintre de la vie moderne ») publiés dans *Le Figaro* les 26, 28 novembre et 3 décembre 1863, il déduit de l'analyse de ce tableau la première théorie d'un art dit « moderne ». Ce qui choque dans la toile de Manet, écrit-il avec une grande profondeur, ce n'est pas le nu, moins suggestif que ceux d'Ingres, mais le ruban noir à son cou, rappelant que le plaisir est toujours mêlé à la mort et faisant d'Olympia une femme qui s'offre pour un plaisir passager, et un être voué à la mort. La modernité n'a pas à produire l'éloge de l'époque moderne, elle doit dire, dans l'instant, l'universalité de la condition humaine, et d'abord sa fragilité, sa mortalité. Alors, elle a une chance de devenir éternelle. Ainsi sont modernes les fresques de Pompéi, parce qu'elles donnent à voir les couleurs de l'époque des draperies, ou le bas-relief de la *Gravida*, qui saisit le mouvement d'une démarche élégante : « Pour que toute modernité soit digne de devenir antiquité, il faut que la beauté mystérieuse que la vie humaine y met involontairement en ait été extraite [...]. Il y a eu une modernité pour chaque peintre ancien ; la plupart des beaux portraits qui nous restent des temps antérieurs sont revêtus des costumes de leur époque ». La mode est un effort de l'homme pour s'éloigner des contraintes de la nature. « Travaillé par l'idéal », l'idée que l'homme se fait du beau « s'imprime dans tout son ajustement ». Baudelaire ajoute : « La modernité, c'est le fugitif, le transitoire, le contingent, la moitié de l'art, dont l'autre moitié est l'éternel et l'immuable. » « La mode doit donc être considérée comme un symptôme du goût de l'idéal surnageant dans le cerveau humain au-dessus de tout ce que la vie naturelle y accumule de grossier. » La modernité peut alors devenir « une valeur transcendante, un modèle culturel, une morale – un mythe de référence partout présent ».

Cela donne naissance, dix ans plus tard, à un mouvement artistique qui exprime encore plus clairement cette nouvelle modernité : l'« impressionnisme », dont la première exposition, en 1874, en marge des salons officiels, a l'ambition de renouveler le langage pictural dans la forme et le fond, en traduisant, grâce aux nouvelles techniques disponibles, en touches picturales, les vibrations de la lumière à toutes les heures ; d'abord avec les *Coquelicots* de Monet et le *Chemin montant dans les hautes herbes* de Renoir. Puis avec la peinture de la vie quotidienne de Paris : les cafés, les boulevards, les spectacles et les travailleurs : comme Degas avec *Les Blanchisseuses* ou Caillebotte avec *Les Raboteurs de parquet*.

Émile Zola écrit à ce propos : « En plein air, la lumière n'est plus unique, et ce sont dès lors des effets multiples qui se diversifient et transforment radicalement l'aspect des choses et des êtres. » La France domine alors la théorisation de la modernité en art.

En 1885, un jeune auteur anglais, Oscar Wilde, se sent même obligé de recourir au terme français « modernité » (qu'il connaît par sa lecture de Baudelaire) pour rendre compte d'une conférence donnée par le peintre anglais James Abbott McNeill Whistler, lié à l'impressionnisme et au symbolisme. Wilde écrit : « Il est vrai que, dans certaines conditions d'ombre et de lumière, une chose affreuse peut devenir belle, c'est même la véritable modernité en art. »

C'est à la fois l'idée que l'art ne se confond plus avec la beauté. Et que la modernité peut conduire au pire.

Le « monde moderne » est-il un cauchemar ?

Dans les années 1880, en Europe, la technique fait un bond gigantesque et la modernité de la Raison semble promise à un avenir radieux : apparaissent le moteur à explosion, l'automobile, le cinéma, l'avion, l'électricité, le téléphone, le gramophone, la montre portative. Tout semble possible, même pour la classe moyenne. Les derniers restes des modernités précédentes disparaissent. Max Weber, qui voit dans le protestantisme la source de cette nouvelle modernité, écrit :

« La technique a désenchanté l'homme (*ent-zaubert)*, et l'a enlevé au charme des légendes anciennes. »

Partout en Europe, les luttes sociales se font plus âpres et les ouvriers commencent à revendiquer des droits nouveaux : la modernité de la Raison n'est plus seulement économique et politique. Elle doit aussi être sociale.

En France, en 1875, l'instauration de la République consacre la victoire définitive de la gauche (républicaine et moderne) et consomme la défaite de la droite (monarchique et conservatrice). Les formations qui garnissent les bancs de la vieille droite s'amenuisent à mesure que s'évanouissent les espérances de restauration monarchique, tandis qu'apparaît à gauche le groupe des Radicaux, repoussés vers le centre en 1893, puis vers la droite, avec l'entrée des socialistes de l'Internationale ouvrière à la Chambre. Cette droite dénonce encore « le monde moderne ». Elle n'aime toujours pas le progrès, qui détruit, selon elle, la pratique religieuse ; ni l'argent, qui bouleverse l'éthique. Un de ses idéologues, l'écrivain Charles Péguy, fait commencer en 1881 le « monde moderne » qu'il critique : il y voit la coupure entre l'ancien monde, marqué par la foi, la communauté, le travail, et le nouveau corrompu par l'argent et le positivisme scientifique. Il écrit dans *L'Argent* : « Être libéral, c'est précisément le contraire d'être moderniste et c'est par un incroyable abus de langage que l'on apparente ordinairement ces deux mots. [...] Le modernisme est la vertu des gens du monde. La liberté est la vertu du pauvre. »

Quand les femmes sont enfin admises dans la nouvelle modernité

À la fin du XIXe siècle, cette démocratie de marché ne concerne encore que les hommes d'Occident. Les femmes vont bientôt en conquérir certaines dimensions. Elles veulent être reconnues comme des sujets et non des objets. Elles sont de plus en plus visibles dans les arts, de la littérature à la musique, de la sculpture à la peinture : George Sand, Clara Schumann, Camille Claudel, Sonia Delaunay. Elles s'élèvent contre la rigidité des modes victoriennes et ce qu'elles appellent « *the ridiculous of modern fashion* ». Vers 1875 aux États-Unis, le mouvement *Aesthetic Dress*, dont Oscar Wilde est l'un des instigateurs, s'oppose à la *modern fashion* pour prôner la simplicité. Mary Haweis, qui dirige le mouvement, écrit dans *The Art of Dress* en 1879 : « Tout vêtement qui nuit ou contredit les lignes naturelles de la silhouette humaine doit être rejeté comme laid ou injurieux ou les deux. »

Oscar Wilde donne alors des conférences aux États-Unis sur l'« esclavage de la mode féminine », et prend position contre les « tournures », les talons hauts et le corset. Il écrit encore : « Un des principaux défauts des toilettes modernes est qu'elles se composent de beaucoup trop d'éléments, et pour la plupart d'un tissu inadéquat ; mais on peut parfaitement adapter à notre climat, à notre pays et à notre siècle une version du costume grec par-dessus un substrat en pure laine, tel que le Dr Jaeger le fournit dans le système allemand moderne. »

Un peu plus tard, bien plus important : les femmes expriment ouvertement leurs revendications politiques. Les manifestations des « suffragettes » se multiplient, souvent violentes. Le premier pays à accorder le droit de vote aux femmes est une ancienne colonie britannique, la Nouvelle-Zélande, en 1893. En 1897, en Grande-Bretagne, Millicent Fawcett fonde l'Union nationale pour le suffrage féminin (*National Union of Women's Suffrage*). Émeutes, grèves de la faim et prison n'y font rien. Après l'Australie en 1902 et la Finlande en 1906, il faut attendre la Première Guerre mondiale et le grand rôle qu'y jouent les femmes, remplaçant dans les usines les hommes partis au front, pour que la Grande-Bretagne leur accorde ce droit en 1918 et les États-Unis en 1919 ; la France ne suivra qu'en 1944.

L'Occident impose la Raison au reste du monde

La nouvelle conception européenne de la modernité est maintenant observée, jalousée, désirée, par toutes les élites du monde. On la voit balbutier en Russie, au Brésil, en Chine. Elle commence à s'installer au Japon avec l'arrivée des navires du commandant Perry en 1854 ; l'empereur Meiji prend le pouvoir contre les samouraï, accélérant l'ouverture de l'archipel aux techniques industrielles, militaires et administratives de l'Occident et à un embryon de démocratie parlementaire, tout en réussissant à protéger une partie de ses valeurs et de ses traditions. En 1869, on construit ainsi la ville de Sapporo sur le modèle de New York, sans se souvenir qu'elle ressemble en fait à Kyoto, construite en 794 sur un plan similaire, lui-même fondé sur celui de *Ch'ang-An*, ancienne capitale de la Chine, vieille de trois mille ans.

Enfin, la modernité occidentale arrive, les armes à la main, en Afrique (comme avant dans les Amériques). Les puissances européennes, au nom d'une « mission civilisatrice », y débarquent avec le télégraphe à Bamako en 1883, et en 1885, avec le premier câble entre Saint-Louis et Ténérife, permettant de relier Paris et l'Afrique. La même année, l'arrivée de la voiture Lefebvre, une des premières charrettes à roue dans l'économie africaine, permet de relier par la piste Kayes à Bamako, la nouvelle capitale.

Cependant, les colonisateurs consacrent pourtant peu de ressources à l'éducation, à la formation d'ingénieurs et de médecins, et ne cherchent pas, en particulier dans les colonies françaises, à faire naître une classe dirigeante locale capable, le moment venu, de se substituer aux administrateurs venus de la métropole. L'Église, au contraire, envoie un nombre considérable de missionnaires pour convertir les populations, dernier sursaut de la modernité de la Foi.

Si le colonialisme détruit les modernités antérieures et organise les premiers génocides de l'ère moderne, il permet aussi à ces peuples de prendre à leur compte certaines dimensions positives de la nouvelle modernité occidentale. Karl Marx lui-même, dans un article condamnant le pillage britannique de l'Inde, explique que la présence anglaise rend malgré tout possible la constitution d'une bourgeoisie locale ; et l'historien marxiste indien K. M. Panikkar notera plus tard dans son livre *L'Asie et la domination occidentale du XVe siècle à nos jours* (1953) que « la domination européenne, en forçant les peuples asiatiques à la fois à résister et à s'adapter aux idées nouvelles qui, seules, pouvaient les aider à se libérer et à se renforcer, leur a donné une nouvelle vitalité et a réellement préparé l'avènement d'un monde nouveau » et que « si l'anglais est la langue de la modernité la plus actuelle, il le doit à la colonisation britannique ».

Quand le XIXe siècle se termine, la démocratie de marché a libéré en Occident les bourgeoisies et écrasé les prolétariats et les colonies. Quelques-uns comprennent que la Raison peut conduire au pire.

6

Socialisme, nihilisme, science-fiction et postmodernité

De la fin du XIXe siècle à 1960

Quand commence le XXe siècle, la démocratie de marché semble triomphante. Technologiquement. Économiquement. Politiquement. Idéologiquement. La bourgeoisie voit s'ouvrir un chantier universel, qui va durer un siècle au moins : faire advenir cette modernité de la Raison dans le reste du monde, dans son intérêt, qu'elle prétend être aussi celui des autres. Contre les diverses conceptions, plus anciennes ou différentes, de l'avenir. Et contre les groupes incarnant ces différents projets d'avenir.

Tout donne le sentiment que le progrès technique est porteur de changements formidablement positifs pour tous, avec l'arrivée de l'avion, de la radio, du métro, du moteur électrique, de l'ascenseur, du gratte-ciel et des premiers équipements ménagers. La dictature de la productivité, imposée peu à peu par la concurrence, dicte sa loi et modifie en permanence les conditions de travail dans les usines, dans le sens d'une rationalité souvent inhumaine.

La littérature elle-même participe de ce triomphe avec l'apparition, autour des Expositions universelles, de récits sur l'avenir qu'on ne nomme pas encore science-fiction. Jules Verne en est le principal protagoniste, vers 1880. Son œuvre détaille chaque dimension de la modernité technique : l'avion, le sous-marin, la télévision, les transports en commun, la conquête de l'espace. Une dizaine d'années plus tard, le Britannique H. G. Wells écrit *La Machine à explorer le temps* (1895) et *La Guerre des mondes* (1898). Le cinéma n'est pas en reste, dès ses débuts, avec *Le Voyage dans la Lune* de Georges Méliès en 1902.

La démocratie gagne aussi du terrain un peu partout. Les niveaux de vie augmentent très vite, sauf pour le prolétariat urbain, qui se gonfle de plus en plus des migrations rurales. Les mœurs continuent de se laïciser. Une nouvelle dimension est alors associée à l'idée de modernité de la Raison : celle des loisirs. Être moderne, c'est être libre, et en particulier libre de l'usage de son temps. Jusqu'ici, le concept n'avait pas de sens, puisque tous les congés étaient religieux et la durée du travail presque illimitée. Pour beaucoup, la modernisation, c'est d'abord l'extension de leur temps libre. Par l'effet des luttes ouvrières, la durée du travail commence à être réglementée, et la société laïcisée, il devient possible de concevoir des vacances. La durée hebdomadaire du travail est limitée. Le droit à la retraite est affirmé.

Au même moment, apparaît, en Europe même, là où est née cette troisième modernité, sa critique la plus radicale. Pour la première fois, il ne s'agit pas, comme pour les socialistes, de modifier légèrement la modernité de la Raison (en niant la propriété privée, mais en conservant l'idolâtrie de la raison et du progrès), ni, comme pour l'Église, d'organiser le retour à la modernité de la Foi. Mais d'une négation de tout projet d'avenir. Prémonitoire des désastres que les échecs de la démocratie de marché et de ses ennemis provoquent pendant l'essentiel du XXe siècle. Cette critique, qui apparaît vers 1880 sous le nom de « nihilisme », prendra en 1914 le nom de « post-modernité ».

Le nihilisme

Tout commence avec un jeune professeur allemand de philologie, Friedrich Nietzsche, qui dénonce, à partir de 1880, ce qu'il devine, dans sa solitude errante, de l'avenir de l'Occident. Pour lui, le sens réel de l'époque moderne est le désir de néant, qu'il nomme « nihilisme », qui a conduit en particulier, dit-il, l'Occident à éliminer Dieu de l'horizon du monde et, en conséquence, à déprécier toutes les valeurs. « Nous l'avons tué vous et moi ! Nous sommes tous ses meurtriers ! », écrit-il dans *Le Gai Savoir* en 1882 (il a alors trente-huit ans), un an avant la mort de l'auteur du *Capital*. Pour lui, la nouvelle modernité occidentale produit un « dernier homme » : un être qui veut jouir de droits, mais qui ne veut pas avoir de devoirs, ni de responsabilités de citoyen ; qui veut croire à bien des choses matérielles, mais plus en Dieu. Or celui qui refuse de vivre sous le regard de Dieu est « l'homme du ressentiment », qui cherche à se venger des souffrances que lui procure la vie et n'espère que dans la science. Cette modernité laïque désenchante le monde : « Mais comment avons-nous fait cela ? Comment avons-nous pu vider la mer ? Qui nous a donné l'éponge pour effacer l'horizon tout entier ? Qu'avons-nous fait, à désenchaîner cette terre de son soleil ? » (*Le Gai Savoir*).

L'humanité est, depuis lors, dit-il, en décadence. Et seules des valeurs de décadence lui sont présentées comme « modernité » et lui sont inculquées comme projet d'avenir. Pour Nietzsche, le règne de la raison, c'est aussi le règne du doute. On en est arrivé à un relativisme destructeur, qui nie l'idée même de vérité : « La nouveauté de notre position philosophique, c'est une conviction inconnue à tous les siècles antérieurs : celle de ne pas posséder la vérité. »

Les « hommes modernes » n'ont alors pas d'autres projets que de s'aimer eux-mêmes. Ils participent au mensonge de l'auto-idolâtrie, dont une des formes extrêmes est l'apologie (dont il se méfie) de sa propre nation, « qui aujourd'hui s'exhibe en Allemagne en tant que signe distinctif des vertus allemandes ».

La modernité occidentale désigne alors, selon lui, la pénétration dans tous les domaines des instincts grégaires. Et la démocratie de masse, socialiste ou libérale, n'arrange rien car l'esprit de masse, dit-il, détruit la créativité.

Pour Nietzsche, il est donc illusoire d'attendre un avenir meilleur des progrès de la raison. La science n'est désormais plus qu'une entreprise collective abêtissante, exigeant un travail de fourmis, « une manière d'être à plat ventre devant de petits faits », sans génie (*Ecce homo* et *Par-delà le bien et le mal*). L'homme de science prend alors docilement sa place dans la masse des chercheurs : « La dégénérescence générale de l'humanité, son abaissement au niveau de ce que les rustres et les têtes plates du socialisme tiennent pour "l'homme futur" – leur idéal ! –, cette déchéance et ce rapetissement de l'homme transformé en bête de troupeau, l'homme comme ils disent, de la "société libre" ». En fait, « nous ne sommes absolument pas "libéraux", nous ne travaillons pas au "progrès" ».

Il faut donc se révolter : « Ceux qui veulent un avenir meilleur ne peuvent s'en contenter. Nous autres, enfants de l'avenir, comment pourrions-nous être chez nous dans pareil aujourd'hui ! » (*Le Gai savoir*). Pour lui, il faut en finir avec toute forme d'exercice du pouvoir et avec les politiciens. Il écrit, trois ans plus tard, dans *Ainsi parlait Zarathoustra* : « J'ai tourné le dos aux gouvernants lorsque je vis ce qu'ils nomment à présent gouverner : trafic et marchandise du pouvoir – avec la canaille. » Il faut aussi, dit-il, en finir avec les journalistes, acteurs majeurs de cette évolution destructrice de la modernité occidentale : « la canaille écrivassière fruit de la liberté d'expression obtenue par la démocratie » et qui incarne la voix de la masse.

Pour lui, seuls les juifs échappent à ces évolutions, parce que leur foi leur permet de résister aux changements trop rapides : « Ils changent, s'ils changent [...], comme un empire qui n'est pas né d'hier et qui a du temps devant soi, c'est-à-dire aussi lentement que possible. » (*Par-delà le bien et le mal*). Ils changent selon une nécessité qui leur est propre. Ils sont inactuels. Leur foi par exemple, « cette foi décidée qui n'a pas à éprouver de honte en présence des "idées modernes" », une foi qui n'aurait pas été touchée par le « discrédit » dans lequel est tombée « la croyance au Dieu chrétien » (*Le Gai Savoir*). Et ils sont paradoxalement les acteurs essentiels du monde décadent, par la négation du concept même de modernité : c'est « le peuple le plus étonnant de l'histoire universelle [...] le peuple le plus fatal de l'humanité » (*L'Antéchrist*). « Ils ont dû les représenter jusqu'à donner le change, ils ont su, avec un *non plus ultra* de génie théâtral, se placer à la pointe de tous les mouvements décadents [...], pour en faire quelque chose de plus fort que tout parti du "oui" à la vie » (*L'Antéchrist*). Les juifs sont « de bons européens, les héritiers de l'Europe, héritiers riches et comblés, mais héritiers aussi infiniment redevables de plusieurs millénaires d'esprit européen » (*Le Gai savoir*).

Enfin, l'individu lui-même, qui est présenté comme étant, énonce-t-il, au cœur du projet de la modernité, est une illusion : « Rien n'est plus illusoire que ce “monde interne” que nous observons à l'aide de ce fameux “sens interne”. » (*La Volonté de puissance*). Condamnation à l'avance de la psychanalyse.

Psychanalyse et modernisme

L'émergence, au même moment, de la psychanalyse s'inscrit dans la logique du projet de cette modernité. Elle met la raison au service de la compréhension rationnelle des passions. Elle élargit le modèle de la démocratie de marché, pensé comme une juxtaposition d'individus égoïstes, à la recherche de leur bien-être personnel. Elle approfondit le projet individualiste et rationnel, en affirmant l'égoïsme inné de l'enfant et tout ce qui en découle. Elle prétend mettre en œuvre une logique de l'inconscient en établissant des causes logiques pour les comportements les moins explicables. Elle fait ainsi de l'inconscient une dimension de la raison.

Elle est aussi l'occasion de définir une esthétique de la nouvelle modernité. En Grande-Bretagne, l'écrivain Virginia Woolf (avec sa fratrie et ses amis rassemblés dans le groupe de Bloomsbury), très proche de Freud (la maison d'édition Hogarth Press, créée par les Woolf – Virginia et Leonard – est la première à publier les œuvres de Freud en Angleterre) définit alors l'« esthétique moderniste » comme visant à donner une image aussi exacte que possible du monde intérieur de l'Homme, ce que Virginia Woolf nomme « esprit ou vie, vérité ou réalité ». Elle date la naissance du « modernisme » de novembre 1910, mois de l'exposition « Manet et les postimpressionnistes », organisée à Londres par Roger Fry aux Grafton Galleries.

En 1912, deux poètes américains, Ezra Pound et T. S. Eliot, viennent à Londres étudier la littérature anglaise qui leur semble suprêmement « moderne », en particulier Virginia Woolf et James Joyce. Pound lance le mouvement des « imagistes », qui devient le « vorticisme », première école moderniste en Angleterre. En 1919, dans un court essai sur l'écriture romanesque, *Modern Fiction* (*Le Roman moderne*), Virginia Woolf réaffirme le refus des modernes d'écrire comme les réalistes, qui « dépensent un talent immense et une immense application à donner au banal et au transitoire l'apparence du vrai et du durable » et son désir de traquer l'intime. « La vie est une enveloppe semi-transparente qui nous entoure du commencement à la fin de notre état d'être conscient. N'est-ce pas la tâche du romancier de nous rendre sensible ce fluide élément changeant, inconnu et sans limites précises, si aberrant et si complexe qu'il puisse se montrer, en y mêlant aussi peu que possible l'étranger et l'extérieur ? » (*L'Art du roman*).

Au même moment, les Allemands commencent à utiliser eux aussi les mots *Modern* ou *Die Moderne*, pour désigner la littérature « non traditionnelle du XXe siècle », que le philosophe allemand du monde Georg Lukacs nomme *Avantgardeismus*.

La science, avec l'apparition de la physique quantique et de la théorie de la relativité, cesse alors totalement d'être accessible à l'intuition. La réalité n'est plus logique ; elle dépend de la façon dont on l'observe et n'est appréhendable qu'en tant que concept. Elle est, comme la psychanalyse, la traduction rationnelle d'événements apparemment irrationnels.

En peinture, l'invention de l'abstraction, après celle du cubisme dix ans auparavant (inspiré d'Afrique comme le jazz), veut aussi révéler l'existence de réalités jusqu'alors invisibles. Chacun des quatre artistes pionniers de l'abstraction, Vassily Kandinsky, Frantisek Kupka, Piet Mondrian et Kasimir Malevitch, aboutit à peu près au même moment, entre 1910 et 1917, à une formulation spécifique. Kandinsky écrit en 1910 dans son ouvrage *Du spirituel dans l'art et dans la peinture en particulier*, que l'idée de l'inutilité de la représentation lui a été soufflée par un de ses tableaux posé par erreur sur un côté ; Mondrian obtient ses structures géométriques abstraites par dérivation progressive à partir d'une de ses peintures représentant un parc à huîtres en contre-jour ; Malevitch recherche la simplification jusqu'au *Carré noir sur fond blanc*. On le voit aussi en architecture, avec la géométrie du Bauhaus et l'esthétique minimale de Ludwig Mies van der Rohe.

La modernité sort ainsi de son cadre harmonieux et de la recherche du beau, pour explorer de nouveaux horizons. La musique remet elle aussi en cause la dictature de la tonalité et de l'harmonie, et fait scandale avec Igor Stravinsky, puis avec Arnold Schönberg. Elle annonce, comme la peinture, des temps troublés...

En cette fin de XIXe siècle, ainsi que Nietzsche l'avait prévu, la « foi dans le progrès » qui animait la pensée des Lumières, et le projet de société des positivistes, se lézardent : la démocratie de marché n'est pas plus juste ; le temps libre reste réservé aux bourgeois et aux rentiers. Bien des gens sont pauvres, malheureux, exploités, déracinés, utilisés comme des objets. La démocratie de marché n'est toujours qu'un club fermé à l'usage des plus riches, qui en font un usage futile. Dès 1899, le sociologue américain Thorstein Bunde Veblen (*Theory of the Leisure Class*) dénonce le caractère de « consommation ostentatoire » de toute la classe moyenne américaine, libérée des besoins fondamentaux, qu'il décrit comme une forme de manipulation capitaliste, insidieuse et frivole.

Cela entraîne une désillusion généralisée à l'égard des idéaux de la modernité occidentale. D'innombrables formes de cette même modernité, sous le nom de socialisme, sont discutées dans des partis démocratiques ou révolutionnaires. Elles conservent la même foi que la démocratie de marché dans la raison, le travail, l'industrie, le progrès technique et la productivité.

La crise économique de 1907 précipite la remise en cause de ce modèle dominant. Les socialistes y décèlent la fin du capitalisme. Les nationaux-socialistes et les fascistes y dénoncent la fin du projet mondialiste de la démocratie de marché.

Avec la Grande Guerre, l'idéologie de la raison va cependant poursuivre son projet, oubliant l'homme et sa liberté.

Guerre et totalitarisme

Malgré tout l'optimisme des dirigeants de l'époque, et les formidables promesses du progrès technique, les intuitions de Nietzsche, les récits de quelques écrivains, les œuvres de quelques peintres et de quelques musiciens se vérifient : la démocratie de marché ne sort de la crise de 1907 qu'en s'enfonçant dans une première guerre mondiale, utilisant tous les moyens de la raison.

Ce conflit est, pour l'écrivain allemand Ernst Jünger qui le vit en première ligne, la « bataille du matériel », la « démocratie de la mort », la forme accomplie de la Raison, de la Nation et de la Technique, la réalisation absolue de la troisième modernité : la dictature de la productivité. L'histoire, écrit-il, devait déboucher sur une telle guerre, qui est la forme suprême de la modernité rationnelle : « Il suffit de considérer cette vie qui est la nôtre dans son déchaînement et sa discipline impitoyables, avec ses régions industrielles fumantes et brûlantes, avec la physique et la métaphysique de son trafic, avec ses moteurs, ses avions et ses villes millionnaires, pour sentir, avec une terreur mêlée de volupté, qu'il n'existe aucun atome qui ne soit au travail et que nous sommes nous-mêmes profondément engagés dans ce processus furieux. La mobilisation totale est bien moins l'accomplissement d'une volonté consciente qu'elle ne s'accomplit d'elle-même dans la paix comme dans la guerre, elle est l'expression de l'exigence mystérieuse et inéluctable à laquelle notre vie nous soumet en l'âge des masses et des machines [...]. Le travailleur ne considère pas la loi martiale (l'état de guerre) comme une exception, il en fait sa discipline. »

Comment continuer à penser le beau quand tant de massacres se succèdent, quand le progrès sert au pire, quand la liberté ne protège de rien ? La modernité de la Raison prend une nouvelle forme, totalitaire, faisant toujours l'apologie de la science et du progrès matériel. Les démocraties s'effondrent chez tous les vaincus ; et même chez certains vainqueurs. Le socialisme s'installe en Russie. Le fascisme en Italie. Le national-socialisme tente sa chance en Allemagne.

Dérision

Héritage de toutes les utopies depuis celle de Thomas More, ces projets de société veulent construire un monde rationnel, égalitaire, de progrès, au nom de la nation ou de la classe sociale. Dans l'un et l'autre cas, la dictature de la productivité balaie la démocratie, au nom de la raison.

Le projet soviétique conduit à quelques projets artistiques réussis, comme ceux de Maïakovski et des constructivistes, qui veulent porter l'art dans les rues pour réformer la société sur une base fonctionnelle : les centrales électriques à la place des cathédrales, les technocrates à la place des aristocrates. L'artiste d'avant-garde des années vingt, le constructiviste, n'entend plus représenter la réalité mais la construire. Il rêve d'une société héroïque et démocratique, conduite par une frange éclairée de techniciens et d'ingénieurs.

Les autres totalitarismes du temps, du fascisme au nazisme, se veulent porteurs d'un projet d'avenir pour mille ans. Ils vont, les uns et les autres, pourchasser l'art moderne, « juif et dégénéré ».

Tous les attributs de la modernité de la Raison, de la forme nouvelle de la démocratie de marché, la social-démocratie (fait d'un État bienveillant, qui prend à sa charge la politique de la famille et les grands travaux) apparaissent alors d'abord chez Mussolini, puis chez Staline, puis chez Hitler, chaque fois sous forme totalitaire. Ces projets échoueront parce qu'ils mettent en œuvre dans un seul pays, sous forme de dictature, une répartition autoritaire de la rareté marchande, alors que Marx pensait la modernité communiste comme le dépassement d'un capitalisme devenu mondial par une économie de l'abondance et de la gratuité, dans une démocratie préservant la liberté de la presse et l'indépendance de la justice.

Ne pas oublier cette leçon de l'Histoire : un projet d'avenir se manifeste souvent d'abord sous sa forme totalitaire avant d'être repris dans un cadre démocratique.

Au même moment, le nihilisme continue ce travail de dénigrement de la raison, devenue cauchemar. Marcel Duchamp, qui deviendra l'inspirateur de très nombreux courants de l'art moderne (l'art minimal, l'art conceptuel, l'art corporel, le pop art, le néo-dadaïsme, l'op art, etc.), révolutionne en 1917 la notion d'œuvre d'art en baptisant *Fontaine* un urinoir récupéré, qu'il tente en vain d'exposer à New York, sous le pseudonyme de R. Mutt, affirmant l'arbitraire et la subjectivité de l'esthétique. Il nie la notion même d'œuvre d'art, au moment où l'art réaliste devient l'apanage des dictateurs. Il entend libérer les artistes de la recherche du beau et leur permettre d'intégrer des objets concrets dans leurs œuvres. Au point que, près d'un siècle plus tard (en décembre 2004), la *Fontaine* de Duchamp sera élue comme l'œuvre d'art la plus influente du XXe siècle par cinq cents personnalités du milieu britannique de l'art.

Après lui, Picasso, Léger, Le Corbusier – que les totalitaires dénoncent comme « dégénérés » – continuent de faire basculer la modernité dans l'« héroïsme de la vie quotidienne », mettant sur un piédestal des objets ordinaires comme le stylo à encre, le classeur à rideau et la machine à écrire.

Postmodernisme contre science-fiction

Le mot « *postmodern* », déjà fugitivement apparu chez le peintre John Watkins Chapman dans les années 1870 pour décrire le mouvement postimpressionniste (« *a postmodern style of painting* »), réapparaît en 1914, pour désigner ce regard désabusé sur la modernité occidentale, dans un article d'un journal philosophique, *The Hilbert Journal*, où l'écrivain américain J. M. Thompson écrit : « La raison d'être du postmodernisme est d'achopper au double aveuglement du modernisme, en étendant la critique à la religion et à la théologie, au sentiment et à la tradition catholique. »

Le mot va bientôt faire florès, et remplacer le terme « nihilisme ». En 1917, le philosophe allemand Rudolf Panwitz, dans son livre *La Crise de la culture européenne*, reprend le terme pour désigner l'analyse de la fin de la modernité de la Raison par Nietzsche, et sa décadence en un nihilisme. La « postmodernité » désigne la désillusion généralisée à l'égard des idéaux de la modernité de la Raison, sans vouloir proposer une autre modernité.

Le mot « postmoderne » devient, dans le cadre de la raison, d'usage courant. Il recouvre, pour certains, les régimes qui ont balayé la démocratie de marché, c'est-à-dire le communisme et les diverses formes de national-socialisme. Pour d'autres, il désigne la fin de la modernité marchande. Selon l'écrivain américain Walter Truett Anderson, l'homme postmoderne est celui qui voit le monde avec ironie, par opposition à celui qui le considère comme une construction sociale rationnelle.

C'est alors qu'apparaît aussi explicitement une littérature sur l'avenir, en général positive et rationnelle, déjà esquissée dans *L'Utopie* de More, les textes de Campanella, de Bacon et de Jules Verne. Le terme « science-fiction » voit le jour en 1927 dans le courrier des lecteurs de la revue américaine *Amazing Stories* : « Remember that Jules Verne is a sort of Shakespeare in science fiction. » (Rappelez-vous que Jules Verne est une sorte de Shakespeare de la science-fiction.)

En 1927, Fritz Lang réalise *Metropolis*, premier chef-d'œuvre cinématographique de la science-fiction. En 1929, l'éditorialiste Hugo Gernsback impose définitivement le terme « *science fiction* » dans sa revue *Science Wonder Stories*, à la place de l'expression « *scientific romance* ».

D'innombrables romans paraissent alors, décrivant un monde où la science permet à l'homme de voyager dans l'espace ou de disposer de ressources infinies ; dont le célébrissime *Le Meilleur des mondes* (1932) de Aldous Huxley.

Postmodernité et science-fiction échangent sans se connaître pour décrire un avenir dérisoire ou fascinant, en tout cas dominé par la force de la science et le vide de la morale.

En 1939, l'historien britannique Arnold Toynbee utilise encore le concept de « postmodernité » pour désigner ce qu'il appelle « la fin des temps modernes, commencés au XVIe siècle » : « Notre époque postmoderne a commencé par la Grande Guerre de 1914-1918. » En 1942, l'écrivain et anthropologue américain H. R. Hays l'emploie pour désigner une nouvelle forme littéraire. En 1945, Bernard Smith, historien de l'art, y voit ce qu'on nomme aujourd'hui le réalisme socialiste.

Enfin, certains nomment ainsi l'idée d'une fin de l'Histoire. Ce concept, d'abord élaboré par Hegel puis par Marx, est développé, en France, par Alexandre Kojève, qui explique que l'Histoire est déjà finie aux États-Unis, avec l'abolition des classes, la possibilité pour tous d'accéder à la propriété et de faire fortune. L'*American way of life* est donc l'état post-historique de l'homme, écrit-il dans son *Introduction à la lecture de Hegel*.

La science-fiction aussi, avec les œuvres d'Asimov, Bradbury et Barjavel, signe alors la fin de l'homme historique, celui marqué par l'action, au sens fort du terme (les guerres et les révolutions) ; l'homme peut désormais s'adonner à l'art, à l'amour, aux loisirs, et à toutes les monstruosités.

Le postmodernisme, autre nom de l'avenir après l'Holocauste

La Seconde Guerre mondiale, et en particulier la tragédie de l'Holocauste (autre manifestation paroxystique de la dictature de la rationnalité industrielle) montrent à beaucoup que la modernité occidentale est définitivement pervertie et que la raison peut conduire au pire.

Le discours sur l'avenir ne peut donc plus être optimiste : il devient clair que l'humanité peut se suicider. Plus encore après l'Holocauste et tous les autres génocides, dans la confrontation rationnelle des deux superpuissances américaine et soviétique. La postmodernité n'est plus seulement un regard ironique sur la modernité occidentale, mais l'annonce de la fin possible de l'humanité.

Pour Heidegger, l'apothéose de la technique marque la nécessité de donner un autre sens à l'avenir, parce que la raison produit des monstruosités morales. L'homme doit s'en arracher, ne pas se laisser enchaîner par l'économie et la technique. Il écrit : « L'homme ne se soulèvera au-dessus de la terre que si un outillage puissant lui fournit le point d'appui. Il devra peser sur la matière s'il veut se détacher d'elle. » (*Questions IV*). Et encore : « La technique arraisonne la nature, c'est-à-dire la met au régime de la raison qui exige de toutes choses qu'elles rendent raison, qu'elles donnent raison. » Husserl ajoute, dans le même sens : « Notre époque a connu un tel développement technique que toute une tradition philosophique est terminée. Maintenant, la philosophie est devenue science de l'homme. Elle disait sur l'homme des choses sur lesquelles la science peut maintenant la remplacer. Et la théorie se trouve absorbée, écrasée par le triomphe de l'équipement du monde. » Pour les philosophes de l'école de Francfort, méditant sur la folie hitlérienne, la modernité occidentale peut conduire au pire.

De même, pour le grand philosophe britannique Bertrand Russell, l'Histoire n'a plus de sens et la vie est définitivement absurde. Il écrit dans *Éloge de l'oisiveté* : « Aucun feu, aucun héroïsme, aucune pensée ni aucun sentiment, aussi intenses soient-ils, ne peuvent préserver une vie au-delà de la tombe... Tout le labeur effectué au cours des âges, toute la ferveur, toute l'inspiration, toute l'éclatante expression du génie humain sont voués à disparaître dans l'extinction générale de notre système solaire, et tout l'édifice des réalisations humaines sera inévitablement enfoui sous les décombres d'un univers en ruines – cela n'est pas absolument indiscutable, mais si près d'être certain qu'aucune philosophie ne peut espérer perdurer si elle rejette ces notions. » En 1943, dans le bref et génial pamphlet *De la fumisterie intellectuelle*, il fait une critique ravageuse des trois modernités, pour conclure : « Le sage, aujourd'hui comme hier, ne se trouvera jamais à court de crétinerie intellectuelle. »

Retour de la raison

En 1945, la démocratie de marché reprend partiellement le dessus. Les exigences industrielles de la Seconde Guerre mondiale, pour détruire puis pour reconstruire, provoquent lc développement sans précédent de la société de consommation : automobile, équipement électro-ménager, ascenseur, radio et télévision définissent la modernité. Les femmes commencent à disposer de moyens de consommer, de travailler, de voter. La dictature de la productivité entraîne encore une croissance formidable du travail à la chaîne, et l'uniformisation des conditions de travail des cols blancs, comme avant eux les cols bleus.

La science-fiction devient alors le lieu d'un immense débat sur l'avenir. En 1948, George Orwell écrit *1984*, puis Isaac Asimov fait paraître *Fondation* (1951) qui se déroule quinze mille ans après la perte de la Terre. Citons encore *Stranger in a Strange Land* (1961) de Robert A. Heinlein, qui décrit la première mission humaine sur Mars et *Limbo* (1952) de Bernard Wolfe, grand classique de la dystopie se déroulant en 1990. Avec tant d'autres chefs-d'œuvre, ces livres sont révélateurs du retour d'une foi inquiète en l'avenir de la raison.

Car la modernité de la Raison vise toujours à libérer du temps pour consommer : en 1951, la psychanalyste américaine Martha Wallenstein, dans son article « The Emergence of Fun Morality », démontre que se distraire, occupation jusque-là taboue ou mal vue, tend à devenir une quasi-obligation morale et que les frontières entre le travail et la distraction s'estompent.

Le postmodernisme comme dimension de la modernité de la Raison : l'architecture

Comme avec l'Empire romain, où une des seules véritables nouveautés au regard de la conception grecque de la modernité fut le projet urbain, l'unique domaine où le postmodernisme devient un réel modernisme, c'est-à-dire un projet d'avenir, est l'architecture. Les besoins esthétiques des élites sont en effet associés à ceux des masses qu'il s'agit de loger et de faire travailler dans des villes en croissance rapide. Là encore, il faut mêler architecture et productivité. Et bizarrement, on nommera cela « postmoderne ».

Le terme apparaît pour la première fois dans le contexte de l'architecture dans un article de 1949 de l'architecte Joseph Hudnut intitulé « The Post-Modern House », repris un peu plus tard dans son ouvrage *Architecture and the Spirit of Man*. Hudnut l'utilise non seulement pour critiquer l'architecture du moment (alors représentée encore par la géométrie du Bauhaus et l'esthétique minimaliste de Ludwig Mies van der Rohe), pour prôner le retour de l'ornement des surfaces, des décorations à motifs historiques et des angles non droits, mais aussi et surtout pour désigner un nouveau style, dont l'immeuble AT&T à New York en 1978, par Phillip C. Johnson, est considéré comme le plus important représentant. Le terme s'impose très vite : la première biennale d'architecture de Venise, en 1980 a pour thème : « Présence du passé : le postmodernisme ». On en trouvc ensuite encore la trace dans la luxuriance des projets de Frank Gehry au musée Guggenheim de Bilbao, d'Ashton Raggatt McDougall au Storey Hall à Melbourne et d'Arata Isozaki au Tsukuba Center au Japon.

Au même moment, la modernité et la post-modernité de la Raison se dissolvent dans leur dernier avatar : le contemporain.

7

Le contemporain

Des années 1960 à aujourd'hui

À partir de la fin des années 1960 et plus encore depuis 1989, la modernité de la Raison, si critiquée et combattue jusqu'alors s'installe dans une partie de plus en plus vaste du monde. Partout, on veut plus de liberté, jusqu'au caprice. On parle à nouveau de fin de l'Histoire, par généralisation progressive de la démocratie de marché, vue comme projet d'avenir universel, seul modèle possible.

En Occident, et ailleurs, cette forme se pense sans projet ni désir d'avenir, juste comme une jouissance libre de chaque instant. Libre de toute contrainte, de tout contrat, de toute préoccupation des autres et des générations futures. Y compris de ses propres amis, conjoints, enfants.

Cette autre phase de la modernité de la Raison se cristallise avec l'arrivée d'une nouvelle jeunesse occidentale dans les années 1960. Elle se manifeste d'abord par la libération des mœurs, dont deux des sources inattendues sont l'autoradio et le tourne-disque portatif, qui permettent aux jeunes d'échapper à la présence des parents dans les bals.

De nouvelles musiques s'imposent. Après le rock'n'roll en 1953, les Beatles et les Rolling Stones font danser l'Occident à partir de 1962. La guerre au Viêtnam crée une nouvelle raison de se révolter, en Europe et aux États-Unis, contre le monde des adultes. De vouloir tout, tout de suite. Les mouvements de 1968, aux États-Unis et en Europe, cristallisent cette revendication d'une jouissance du présent, d'une négation de toute contrainte, sans pour autant remettre en cause le modèle capitaliste. Et même s'ils semblent écrasés par les forces conservatrices, ces jeunes imposent assez vite leurs règles et leurs visions. Leurs priorités et leurs valeurs. Les vêtements, la coupe de cheveux, les comportements se libèrent. Le festival de Woodstock, en août 1969, rassemblant plus de 500 000 jeunes, en constitue le paroxysme.

Ce nouvel avatar de la démocratie de marché devient alors si prégnant, si tyrannique qu'il s'impose sous le nom de « contemporain », substitut au « moderne ».

Le contemporain

De fait, quand seul le présent compte, l'avenir devient imprédictible, dépendant de trop de facteurs. Dans ces conditions, nul n'a plus à se préoccuper de ce que peut être un avenir si aléatoire. Nul ne s'intéresse plus qu'à jouir de l'instant ; personne n'est désormais tenu d'être loyal, ni de maintenir durablement une opinion, une conception, un projet, une relation. Seul compte l'instant ; dans l'amour, le travail, les relations avec autrui. Les décisions politiques, les actes d'achat et de production sont fondés sur l'unique préoccupation de l'immédiat. On veut tout, tout de suite. On achète par caprice, on veut une livraison immédiate, sur mesure. Les consommateurs sont incités à désirer du neuf, à jeter des objets qui fonctionnent encore, à se séparer de vêtements toujours portables. Pour les satisfaire, dans l'industrie et les services, existe encore l'exigence lancinante d'une amélioration de la productivité, dernier ersatz d'un projet d'avenir.

Le « contemporain » est le neuf pour le neuf, à tout instant. Sans aucun sens. Ni celui de l'accélération du savoir ou des richesses. Ni celui de l'amélioration du bien-être. Juste l'apologie du changement pour lui-même. Comme si la juxtaposition d'instants pouvait donner l'illusion de l'éternité.

Une enfantine modernité

Après avoir assouvi les désirs matériels des adultes, hommes puis femmes, la modernité doit trouver, vers 1960, d'autres besoins à susciter, à satisfaire. Elle va chercher l'ultime marché possible, celui des enfants. Le contemporain rejoint, dans ses valeurs profondes, celles de l'enfance, qui n'a pas encore pris conscience de la nécessité d'avoir un projet de vie.

Peu à peu, la modernité contemporaine s'oriente vers les loisirs des plus jeunes, pour les satisfaire par la télévision, les jeux vidéo, puis les réseaux sociaux. C'est là désormais que certains d'entre eux passent aujourd'hui l'essentiel de leur temps, perdant au passage toute capacité de concentration, rendant de plus en plus difficile le processus d'apprentissage, se préparant à une attitude ultérieure d'autistes narcissiques, dans une société dont les valeurs sont aussi faussement optimistes que ceux des contes pour enfants qui leurs servent de modèles. Avec en contrepoint, des films d'horreur et des jeux vidéo de mort, préparant, dans un continuum illusoire, les enfants à leur fin.

La modernité contemporaine transforme les enfants en adultes. Et plus encore, elle métamorphose les adultes en enfants. Elle satisfait leurs caprices, ne leur impose plus de règles, elle flatte leurs désirs, quels qu'ils soient. Elle crée un monde de droits sans devoirs. Les adultes en viennent, comme les enfants, à voir le monde de façon manichéenne, à espérer en la venue d'un sauveur, qui réparerait les erreurs et pardonnerait les bêtises. Et pour cela, ne plus respecter les contraintes de la vie commune. Ainsi, l'endettement privé et public, et la crise qu'il a provoquée, conséquence de l'esprit de 1968, est une manifestation de l'infantilisation de la modernité dans le contemporain. C'est particulièrement vrai dans la société américaine, dont l'ensemble des mythes fondateurs renvoie à des contes, des bandes dessinées, des dessins animés, et autres fanzines.

Cinéma et prospective

C'est aussi le moment où l'on commence à tenter de prédire l'avenir par des récits prospectifs. À coup de modèles mathématiques ou d'intuition. Ces modèles sont parfois de grandes réussites, tels l'extraordinaire prédiction d'Isaac Asimov pour 2014, dans un article de 1964 (qui prévoit les « repas automatiques », les véhicules sans conducteur, la télévision en 3D ou la communication immédiate sur toute la planète grâce aux satellites), le livre de Herman Kahn (1967) sur les cent progrès techniques à venir d'ici l'an 2000 ou le Rapport du Club de Rome en 1972, « Halte à la croissance ? » qui, pour la première fois, remet en cause les vertus de la croissance.

Le cinéma prend le relais de cette vision technicienne de la modernité avec *2001, L'Odyssée de l'espace* (1968), *La Planète des singes* (1968), *Star Wars* (1977), *Blade Runner* (1982), la série télévisée anglaise *Doctor Who*, puis *Matrix* (1999) et *Minority Report* (2002), adapté, comme *Blade Runner*, d'un roman de Philip K. Dick.

Spectacles vivants, spectacles du vivant

Dans ce monde, seul vaut ce qui est source d'un plaisir instantané, capricieux. De fait, ne reste plus comme bien rare que le temps passé avec l'autre. Le temps du spectacle vivant, du défilé, du concert et le spectacle de l'information donné par les médias ; et sa forme la plus marchande, la publicité.

L'une se nourrit de l'autre, en prétendant s'en distinguer. L'une et l'autre vivent du renouvellement des produits et des faits, organisant l'obsolescence de ce qui fut à la mode dans les jours, les heures précédentes. Elles doivent à tout prix, l'une et l'autre, affirmer qu'elles annoncent un nouveau, seul capable d'intéresser le consommateur.

Spot publicitaire après spot publicitaire, l'acheteur potentiel comble la déception de l'acquisition passée par le fantasme de celle à venir : le renouvellement des envies anesthésie les frustrations. De même, les spectateurs des médias recherchent sans cesse du neuf, que leur promettent les journalistes.

Les marques tentent de se faire connaître au moins autant par leurs relations publiques que par leurs campagnes de promotion. La publicité finance les médias et fait désormais aussi partie du casting du cinéma, de l'animation des informations.

La tyrannie du neuf que la publicité impose au client s'insinue chez le lecteur, et l'électeur, avide de voir détruites les idoles du passé pour en consommer de nouvelles.

La mode contemporaine, du présent au néant

La dictature du court terme, c'est aussi celle que le consommateur impose au producteur, son désir d'inédit et son refus de toute loyauté à l'égard du fournisseur. La mode, parfaite expression du contemporain, s'organise en noria permanente autour d'une tyrannie frénétique du nouveau. Réglée par l'exigeant calendrier des collections et par le spectacle vivant des défilés, elle est régie par des cycles de plus en plus courts, qui se comptent parfois en semaines, voire en jours.

En même temps qu'elle se diffuse, la mode se dévalorise ; de moins en moins de gens pensent qu'il est à la mode d'être à la mode. Chacun s'invente un style propre, sans cesse changeant. Le contemporain renvoie à l'individu libre, narcissique et solitaire.

La modernité, c'est le style, qui ne se confond pas avec l'élégance : le style, c'est se faire remarquer ; l'élégance, c'est la discrétion. Pour tenter de résister à cette précarisation névrotique et suicidaire, la mode tente, depuis le milieu des années 1980, de s'ériger en art. Apparaissent des musées de la mode, tandis que les maisons de couture cherchent à reconstituer leurs archives en acquérant les modèles de leurs anciennes collections. Plus généralement, c'est dans le monde du changement le plus rapide que s'institue le besoin de rassemblement d'archives, comme autant d'arches de Noé avant le Déluge.

L'occidentalisation du monde

Quand l'Empire romain perdit de sa puissance, tous les prétendus Barbares alentour n'aspirèrent qu'à devenir romains ; une fois Rome conquise, ils devinrent romains dans leurs mœurs, leurs langues, leurs cultures, leur religion.

De même, à partir de 1989, avec la fin du système soviétique, le modèle occidental s'étend à la planète entière. Et même si le monde occidental s'affaiblit économiquement, en valeur relative, des milliards de gens ont désormais accès par tous les écrans du globe au spectacle de l'abondance et des mœurs des démocraties de marché. Ils aspirent tous à s'occidentaliser, à s'habiller comme des Occidentaux, à disposer du même confort, à avoir les mêmes emplois, les mêmes villes, les mêmes voitures, les mêmes jeux, les mêmes maisons, les mêmes mœurs. Pour y parvenir, chacun est prêt à accepter les exigences rationnelles de la productivité. Le sens de la « modernité » et de la « modernisation » devient donc, sur la planète entière, ceux qu'on leur donne en Occident depuis le début du XIXe siècle : vivre libre et faire fortune. Plus d'ailleurs faire fortune que vivre libre.

Est moderne ce qui est conforme aux intérêts de la démocratie de marché, donc des droits de l'homme et de la femme. Est moderne une nation qui valorise l'entreprenariat et l'innovation. Est moderne ce qui reconnaît aux femmes des droits équivalents à ceux de tous les hommes. Et aux enfants du monde d'avoir accès aux mêmes jeux vidéo, aux mêmes maillots de sportifs que les enfants d'Occident. Est moderne tout pays qui dispose d'un État efficace, rationnel, capable de lutter contre l'arbitraire, la corruption, la criminalité et de faire régner un État de droit.

L'occidentalisation du monde est aujourd'hui en marche, et presque personne ne s'y oppose plus. Les dictatures tombent ainsi les unes après les autres, à l'est de l'Europe, en Amérique latine, en Afrique, en Asie.

Même l'Église s'y rallie, au moins en partie : le pape Jean-Paul II écrit en 1998, dans l'encyclique *Fides et ratio*, une phrase qui condamne des siècles de pratique pontificale et de persécution des savants : « La foi, privée de la raison, [...] tombe dans le grand danger d'être réduite à un mythe ou à une superstition. »

Seul le monde arabe semble encore, en partie, y résister.

L'art contemporain, dérision de la modernité

Les avant-gardes sont de plus en plus éphémères. Elles ont toutes en commun le relativisme, le mélange, la parodie, le kitsch et l'usage des symboles de la société enfantine.

Pour toute une avant-garde, dans l'art et ailleurs, la modernité n'est même plus de mise. Le mot même a désormais une connotation négative : être « moderne » renvoie, au mieux, aux années cinquante. En art, l'œuvre à la mode ne peut être que « contemporaine », dépassée dès qu'elle est montrée.

L'art contemporain désigne d'abord l'« art moderne produit maintenant », puis il se distingue de l'art moderne, qui devient un canon clos, limité aux œuvres produites entre 1880 et 1960.

À partir des années soixante, une distinction plus nette encore s'installe entre les deux termes : le mot « contemporain » ne désigne plus que les artistes vivants. Et encore, pas tous ; seuls ceux qui ne situent pas dans un courant antérieur identifiable.

Comme, à ce moment, les artistes contemporains encore vivants ont, pour l'essentiel, commencé à travailler après guerre, 1945 est choisie par les maisons de vente aux enchères comme date de référence pour distinguer l'art moderne de l'art contemporain. C'est encore le cas aujourd'hui ; sauf pour Christie's, qui retient 1960 pour le début de l'art contemporain et nomme « art des années 1950 » la période 1945-1960.

Une date de référence précise est parfois avancée pour en marquer le début : 1961, année de la production de *Merda d'artista* réalisée par le fulgurant artiste italien Piero Manzoni, mort à 29 ans, pionnier de l'*arte povera* et de l'art conceptuel (il s'agit de « merde d'artiste » soigneusement conditionnée « au naturel » dans des boîtes de conserve de trente grammes, *made in Italy*, et vendues à prix d'or au sens littéral puisque évaluées en référence à la cotation journalière du métal jaune). L'idée (si l'on peut dire) est reprise un grand nombre de fois, jusqu'à l'installation *Cloaca* en 2000 par l'artiste flamand Wim Delvoye (exposée au musée d'Art contemporain de Lyon en 2003), expérimentation au cours de laquelle plusieurs grands chefs de la gastronomie française ont accepté de composer des mets pour alimenter une machine qui digère et défèque, chacun de ses étrons étant proposé au public au prix de mille cinq cents euros.

Une autre date de début du contemporain pourrait être 1964, celle de la production par l'artiste américain Andy Warhol des sérigraphies de facsimilés d'emballages de tampons à récurer (boîtes Brillo).

À partir de 1972, on parle parfois d'« avant-garde », d'« art actuel » ou d'« art vivant » et pas encore d'art contemporain. La même année, dans son ouvrage *The De-Definition of Art*, le critique d'art américain Harold Rosenberg écrit : « Depuis la guerre, les musées d'art en Amérique sont devenus de plus en plus avant-gardistes ; à maints égards ils ont devancé l'art lui-même dans la poursuite du nouveau. » Il ajoute : « Une peinture ou une sculpture contemporaine est une espèce de centaure – moitié matériaux artistiques-moitié mots. » Il nomme « dé-définition » de l'art une perte de sens qui affecte aussi bien la notion d'art que celle d'œuvre d'art : comment juger de la qualité « artistique » d'objets et de pratiques dès lors qu'il n'existe plus de critères ni de normes auxquels se référer ?

Dans les années 1980, les institutions s'occupant d'art (musées, galeries, revues et critiques, marché de l'art et commandes publiques) imposent leurs définitions, toutes différentes, de l'« art contemporain ».

Tel qu'il est alors défini, l'art contemporain inclut bien des courants, à partir du pop art, du nouveau réalisme et de l'art vidéo. Les modes, les vogues, les écoles, les techniques changent à très grande vitesse au point de semer le trouble : Qu'est-ce qui est de l'art ? Qu'est-ce qui est une œuvre ? Un événement est-il une œuvre ? Qui a le droit de nommer ? Les artistes eux-mêmes ? Les galeristes ? Les collectionneurs ? Les commissaires d'exposition ? Les États ? Les responsables des biennales ?

On en arrive à valoriser (c'est-à-dire à exposer dans les musées ou les galeries) des objets ou des pratiques dépourvues de qualités artistiques spécifiques que la seule installation dans l'institution rend objet d'art. À qui l'on tente, souvent en vain, de donner une permanence. Comme toujours, dans les périodes troublées, l'on n'arrive plus à mettre clairement des mots sur les choses et l'on fait bégayer les concepts. Sans qu'ils ne disent plus rien de précis.

Il devient évident dans les années 1990, pour de grands critiques d'art tels Arthur Danto, Hans Belting et Gianni Vattimo (un Américain, un Allemand et un Italien), que l'art contemporain se distingue désormais totalement de l'art moderne. Arthur Danto annonce même « la fin de l'art » : à une époque de « pluralisme profond et de tolérance complète ». Selon lui, la disparition des critères esthétiques accrédite cette idée d'une fin de l'art. Pour Hans Belting (*L'Histoire de l'art est-elle finie ?*), « L'art contemporain reflète l'histoire de l'art connue, mais ne la prolonge pas. »

De fait, le travail de beaucoup d'artistes contemporains échappe à la stricte catégorisation antérieure. Seule compte l'instantanéité de l'œuvre. On voit se mêler performance, land art, art conceptuel et dématérialisation de l'œuvre, art électronique, prise en charge de matériaux contemporains, nouveaux médias, installations. Dans le grand effacement des genres traditionnels, l'appareil critique lui-même (textes des artistes, de critiques d'art, essais d'esthétique) fait parfois désormais partie de l'œuvre elle-même. L'artiste contemporain est surtout celui qui donne le spectacle vivant de lui-même. Citons par exemple Marina Abramovic, bouleversante, assise à une table devant les spectateurs de son exposition à New York, au MOMA en 2010.

À la fin du XXe siècle, le même Museum of Modern Art a dû décider s'il allait « acquérir de l'art contemporain qui n'est pas moderne et devenir ainsi un musée d'art moderne au sens strictement temporel du terme, ou s'il [allait] continuer à collectionner exclusivement de l'art qui est moderne du point de vue stylistique, mais qui n'est plus représentatif du monde contemporain » (Arthur Danto). Il décida d'acquérir de l'art contemporain.

En France, l'art contemporain bénéficie d'une grande légitimité institutionnelle : les Drac et les Frac, respectivement créés en 1977 et en 1983, ont pour mission d'acquérir, de valoriser et de diffuser avec de l'argent public les œuvres contemporaines.

Et aujourd'hui, le Fonds national d'art contemporain réunit près de quatre-vingt mille œuvres, acquises ou commandées par l'État auprès d'artistes en activité, de toutes nationalités et dans tous les domaines. Un tiers de ces œuvres provient d'artistes français.

Ailleurs, dans les pays émergents, on assiste aussi à une explosion de créativité. Les marchés de l'art de ces pays croissent au rythme de l'émergence des nouvelles fortunes. C'est le cas notamment en Chine, en Russie et au Brésil.

La critique du contemporain

Bien des forces s'opposent alors au contemporain. À la dictature de la productivité et du précaire. À l'oubli du long terme. À la perméabilité des frontières et au métissage qu'il implique.

En art en particulier se constitue progressivement un « front anti-art contemporain » qui rassemble une coalition hétéroclite de traditionalistes, de nostalgiques de l'art moderne et de progressistes hostiles à l'institutionnalisation d'un nouvel art officiel.

En 1991, la revue *Esprit* lance un débat à charge : « Y a-t-il encore des critères d'appréciation esthétique ? » Puis dans d'autres supports comme *Art Press* ou *Critique*, on évoque la « crise de l'art contemporain » et « l'art contemporain contre l'art moderne ». Dans *Subversion et subvention. Art contemporain et argumentation esthétique* (1994), l'historien de l'art français Rainer Rochlitz, explique qu'« à la différence de l'art moderne classique, l'art contemporain, quels que soient les moyens déployés, est presque toujours décevant ». Un cycle de conférences sur le thème « l'art contemporain en question », organisé à la galerie nationale du Jeu de paume entre septembre 1992 et mars 1993 entend répondre aux dossiers à charge de la revue *Esprit.* Y participent, comme défenseurs de l'art contemporain, Rainer Rochlitz, Georges Didi-Huberman et Catherine Millet, qui ne parviennent pas à développer une argumentation fondée sur des exemples probants. Ils ne peuvent citer aucune œuvre ambitieuse capable d'échapper aux contraintes institutionnelles, médiatiques, marchandes du système. Ce que reconnaît d'ailleurs Catherine Millet quand elle écrit : « Ce n'est qu'un début, l'art continue. »

En 1996, un article du sociologue Jean Baudrillard, « Le complot de l'art », paru dans *Libération*, met le feu aux poudres : le complot de l'art, explique-t-il, c'est la « complicité occulte et honteuse » que l'artiste ironique et cynique noue avec les « masses stupéfiées et incrédules ». Baudrillard dénonce la duplicité d'un art qui s'approprie non seulement la réalité la plus triviale, la banalité, le déchet, la médiocrité, mais aussi les formes et les styles du passé qu'il s'emploie à recycler à l'infini dans une production médiocre : « Toute la duplicité de l'art contemporain est là : revendiquer la nullité, l'insignifiance, le non-sens, viser la nullité alors qu'on est déjà nul. Viser le non-sens alors qu'on est déjà insignifiant. »

Le critique d'art Philippe Dagen explique à l'inverse, dans *La Haine de l'art* (1997), que le rejet de l'art contemporain doit être mis au compte d'un antimodernisme chronique, dont souffre la France depuis le début du XXe siècle. Lors d'un colloque organisé en avril 1997 à l'École nationale supérieure des Beaux-arts de Paris, sur le thème « L'art contemporain : ordres et désordres », sous l'égide du ministère de la Culture, le philosophe américain Arthur Danto assiste aux règlements de compte entre Français : « Le débat, qui s'était jusque-là limité à une série d'échanges de vue passionnels par revues et journaux interposés, dégénéra en une dispute publique à l'école des Beaux-arts de Paris. Les partisans des différentes positions en lice essayèrent chacun de défendre sa vision des choses devant une foule d'à peu près mille personnes très indisciplinées, qui noyaient les discours sous les cris de "nazis !", "fascistes !" et autres insultes du même genre » (*The Madonna of the Future : Essays in a Pluralistic Art World*, 2000).

Dans le catalogue raisonné du Salon des indépendants de 1999, le président du salon, Jean Monneret dénonce l'influence de l'État dans le choix des œuvres reconnues comme « contemporaines ». « Tous les artistes vivants font partie de l'art contemporain. Ce sont les artistes qui font l'art. Tous les artistes. Librement ! Or, l'État veut faire croire au public qu'il n'y a qu'un art digne d'intérêt, l'art dit "contemporain", c'est-à-dire l'art d'État. [...] En réalité, l'art d'État emprunte une voie unique qui écarte arbitrairement l'art des meilleurs artistes des salons historiques. La démocratie exigerait que l'État, soucieux de l'argent du contribuable, rendît compte de la réalité contemporaine dans toute sa diversité, sans exclusion. »

En septembre 2011, Daniel Buren, dans la revue *L'Œil*, propose une critique plus radicale encore : « La santé ébouriffante qu'on prête [à l'art contemporain] – biennales dans le monde entier, foires à tous les tournants et salles de ventes débordées – est un des aspects quelque peu paradoxaux d'un domaine qui, sur le plan de la pensée, est au bord de la faillite. Ce n'est plus un moment de l'histoire, mais la mode au jour le jour... "Contemporain" est un terme complètement dénué de sens, mais c'est l'une des trouvailles les plus performantes jamais trouvées afin d'annihiler dans l'œuf tout ce qu'un artiste pourrait présenter d'un tant soit peu neuf et dérangeant. »

La critique la plus terrible de l'art contemporain est aussi à chercher chez les artistes eux-mêmes, en particulier aux États-Unis. Tel le ravageur Hennessy Youngman, à New York, qui, dans ses vidéos Art Thoughtz, dévoile toutes les escroqueries de l'art moderne. Ses films sont à la fois des œuvres d'art, des exposés très documentés et des déconstructions hilarantes de toutes les pompeuses théories de la postmodernité et du contemporain.

Avec le retour triomphant, à la fin du XXe siècle, de la modernité de la Raison, le contemporain et le postmodernisme se dissolvent dans la multiplicité de leurs définitions. On parle de « métamodernisme », « d'après postmodernisme », de « mort du post modernisme, de « post-postmodernisme », de « performatism », de « digimodernisme » ou de « pseudo-modernism ». De fait, chacun y met ce qu'il entend. Pour Peter Sloterdijk, la postmodernité se résume au « contemporain » (*Critique de la raison cynique*, 1983). Pour Jean-François Lyotard, la postmodernité est le parachèvement de la modernité dans une individualisation galopante. Pour Anthony Giddens (*Les Conséquences de la modernité*, 1994), l'ordre postmoderne serait une « radicalisation de la modernité » qui ne peut être imaginée qu'à l'échelle planétaire, et caractérisée par une « post pénurie » tenant compte de la rareté des ressources naturelles dans un monde où la guerre deviendrait impossible. Pour Alain Touraine, la postmodernité et le contemporain dissocient culture et progrès, dans un monde qui ne sera plus dominé par l'Occident et où coexisteront une infinité de cultures minoritaires. Pour le général Rupert Smith, les nations « postmodernes » sont ouvertes, riches, mais sans structure politique claire, alors que les « prémodernes » sont pauvres et sous-développées et que les « modernes » sont industrialisées et avec une règle de droit très claire. Pour Gilles Lipovetsky (*Les Temps hypermodernes*, 2004), la postmodernité désigne l'ébranlement des fondements de la rationalité, la faillite des grandes idéologies de l'Histoire, et la dynamique d'individualisation de nos sociétés. Pour Francis Fukuyama, la postmodernité et le contemporain se confondent avec la fin de l'Histoire par la généralisation de la démocratie de marché, mettant fin aux conflits idéologiques. Pour Osamu Nishitani (*Repenser la « fin de l'Histoire » – la modernité et l'histoire*) l'idéal du monde contemporain est une nation sans Histoire, incarnée aujourd'hui par les États-Unis. Enfin, le pape Jean-Paul II utilise lui aussi en 1998, dans son encyclique *Fides et Ratio* le mot « postmodernisme » pour désigner et condamner le relativisme des valeurs, le scepticisme face à la raison, et le déni de toute vérité humaine ou divine.

En 2011, au Victoria et Albert Museum, à Londres, l'exposition *Postmodernism – Style and Subversion 1970-1990* présente le postmodernisme comme un mouvement historiquement terminé, ayant cédé la place au contemporain.

Et maintenant ? Est-il possible de déduire de ce qui précède ce que sera la modernité dans l'avenir ? Et peut-on en concevoir une esquisse de ce que sera la modernité en 2030 ? C'est-à-dire de la façon dont, à cette date, on pensera, préparera 2060 et au-delà ?

8

Comment pensera-t-on l'avenir du monde en 2030 ?

Cette rétrospective des formes de la modernité a pour objectif ultime d'en discerner l'avenir de l'avenir. Et, à travers lui, d'imaginer ce que sera le projet de vie des générations futures, la façon dont, en 2030, on pensera et construira le monde de 2060.

À lire ce qui précède, on peut penser la question réglée : chacun, partout, dans un monde qui aura bientôt neuf milliards d'habitants, voudra vivre libre et faire fortune. Restera, comme aujourd'hui, moderne ce qui sera conforme aux intérêts de la démocratie de marché. La troisième modernité continuera donc de régner, sous le nom d'occidentalisation. En particulier, sera moderne la reconnaissance aux femmes et aux enfants des droits équivalents à ceux de tous les hommes. Cette modernité se lira aussi au discours sur l'entreprise, à l'innovation, à la présence dans les villes d'immeubles d'architectes audacieux, d'incubateurs de start up, de musées d'art contemporain et d'orchestres symphoniques.

Bien des forces s'opposeront, dans bien des lieux, à cet avenir de l'avenir. Chacun pressent en effet que la modernité de la Raison ne suffit plus à rendre les gens heureux ; que la démocratie de marché aggrave les inégalités, affaiblit les États, multiplie les frustrations et ne s'intéresse qu'au contemporain. Bien des gens s'opposeront à la modernité de la Raison au nom des modernités antérieures ou nouvelles.

De fait, j'identifie sept avenirs possibles de la modernité, sept projets pour les générations futures. Chacun correspond à des forces particulières, déjà à l'œuvre dans l'Histoire.

Je les nomme « hypermodernité », « amodernité », « rétromodernité », « ethnomodernité », « écomodernité », « théomodernité » et « altermodernité ». Le premier est la prolongation paroxystique de la modernité de la Raison. Les cinq suivants sont des formes modifiées de modernités antérieures. Seul le dernier, l'altermodernité, me semble-t-il, est original et peut concurrencer l'hypermodernité, tout en étant compatible avec la survie à long terme de l'espèce humaine, et avec la démocratie. Son avènement me semble cependant extrêmement peu probable.

L'hypermodernité, ou la modernité de l'artefact

Si le monde continue d'évoluer selon la dynamique actuelle, on assistera à la généralisation de la troisième modernité, c'est-à-dire à une victoire planétaire de la raison et de sa forme d'organisation politique, la démocratie de marché. Chacun voudra disposer des mêmes droits que les Occidentaux : travailler, choisir, voter, se marier, divorcer, apprendre, se soigner, se loger, se distraire, voyager, déménager. Et chacun voudra pouvoir modifier ses choix à sa guise. La dictature de la productivité continuera de s'imposer. La droite et la gauche ne se distingueront pas par l'accent mis sur le champ du marché, qui sera, pour l'un comme pour l'autre, aussi vaste que la technologie le permettra, mais par l'accent relatif mis sur la justice sociale et sur l'efficacité.

Puis le marché, en devenant mondial, prendra le pas sur la démocratie, qui restera locale. Le monde sera régi, dans le plus grand désordre, ce que j'ai ailleurs appelé l'« hyperempire ». Et il faudra parler, pour désigner ce projet d'avenir, d'« hypermodernité ». Elle découlera, pour l'essentiel, des conséquences de la concurrence sur l'amélioration de la productivité à des domaines qui en sont aujourd'hui protégés.

On utilisera d'abord les nouvelles technologies de l'information pour révolutionner les principales activités et services adressés aux plus jeunes, et en particulier l'éducation : il sera hypermoderne de lire en numérique, de se distraire en numérique, de passer ses diplômes *on line*. Il sera aussi hypermoderne de s'autosurveiller pour prévenir toute maladie.

Les prolégomènes de cette nouvelle forme de la troisième modernité se préparent depuis longtemps. Elle aggravera la tendance actuelle à la précarité des décisions, des contrats de travail, des accords de toutes natures, des situations, des lieux de résidence. Et conduira à l'apologie de la déloyauté, au nom même de la loyauté : on rompra pour rester libre et ne pas tromper l'autre.

Elle s'accompagnera en particulier de l'acceptation de toutes les formes de relations sentimentales et sexuelles, hormis l'inceste. Elle impliquera, au-delà du droit au mariage pour tous, les mêmes droits au divorce et aux enfants. Elle conduira les hommes et les femmes à vouloir vivre des relations instantanées, simultanées, contemporaines, libres de toute contrainte, de tout engagement. Les mœurs, en apparence de plus en plus libres, seront en fait sous une étroite surveillance de réseaux envahissants.

Pour être libre, la sexualité se séparera progressivement de la procréation et deviendra un plaisir en soi, une source de découverte de soi, et de l'autre.

Le projet de cette hypermodernité sera ensuite de généraliser l'accès à tous les objets et services, rendus marchands, connectés entre eux, nomades, puis intégrés au corps de l'homme. Un humain sera alors d'autant plus moderne qu'il se trouvera équipé de prothèses.

D'abord les montres remplaceront les mobiles et donneront des informations sur la santé de leurs porteurs. Puis adviendront des implants de surveillance et de soins à l'image du pacemaker et des organes artificiels.

La mode deviendra graduellement nomade et unisexe. Plus proche de la tenue indienne que de tout autre, avec des matières que les nanotechnologies et l'internet des objets permettront de rendre intelligentes, capables de surveiller et d'autosurveiller, santé, humeur et comportements.

Le degré d'hypermodernité d'une société se jugera alors à son artificialisation. Plus généralement, tout ce qui sera artificiel sera jugé « hypermoderne ».

Les robots seront présents partout pour améliorer la productivité. Plus seulement à l'usine ou au bureau, mais à la maison et dans la vie privée, où l'on aura des compagnons-robots. On espérera régler les problèmes des matières premières, comme celui du climat, par le progrès technique.

Les avancées de la biologie, des nanotechnologies, de la robotique accéléreront cette évolution. Des implants dans le cerveau permettront de commander par transmission de pensée des machines connectées. Puis des organes artificiels (mécaniques, électroniques ou génétiques) remplaceront les organes naturels vieillissants.

Plus on aura de prothèses, plus on sera moderne, comme dans *Limbo*, l'extraordinaire et si prémonitoire roman de Bernard Wolfe, paru en 1952, où le rang d'un individu dans la société dépend du nombre de prothèses qu'il est autorisé à avoir, en remplacement de ses propres membres, bras et jambes volontairement amputées. Le « transhumain » (défini en 1957 par le biologiste Julian Huxley, frère de Aldous) comme un homme qui, tout en restant un être humain, « développe de nouvelles possibilités de la nature humaine ») va dans le même sens.

Le vieillissement sera peu à peu ralenti ; on parlera même de « rétro-vieillissement ». Vivre jeune pendant mille ans ne sera plus un projet invraisemblable. Cela bouleversera les conditions de vie, les conceptions de la retraite. Se posera tout autrement la question de la simultanéité des générations, comme elle se posait quand on réfléchissait, au Moyen Âge, aux conséquences de la résurrection des morts.

On ira aussi à terme vers une humanité unisexe, où les hommes et les femmes seront égaux sur tous les plans, y compris celui de la procréation, qui ne sera plus le privilège, ou le fardeau, des femmes. Cela prolongera une longue évolution qui vise depuis longtemps à séparer la reproduction de la sexualité, par des techniques de plus en plus sophistiquées (la pilule, la fécondation *in vitro*). Il sera même un jour hypermoderne d'être unisexe (il existe d'ailleurs depuis des centaines de millions d'années des espèces animales unisexes) et d'avoir des enfants, seul ou à plusieurs, sans relation physique et sans que nul les porte. Cela conduira à séparer le fœtus de sa matrice, de concevoir et de faire naître des enfants hors de tout utérus féminin dans une matrice artificielle faisant de l'être humain un artefact, fabriqué sur mesure.

Accessoirement, la matrice artificielle résoudra un autre problème majeur qui freine l'évolution de l'humanité : la taille du cerveau, limitée par le mode de naissance. Si l'enfant naissait d'une matrice artificielle, la taille de son cerveau n'aurait plus de limite. Après le passage à la station verticale, qui a permis à l'humanité d'advenir, ce serait une autre évolution radicale, à laquelle tout ce qui se passe aujourd'hui nous prépare.

En devenant ainsi peu à peu des objets comme les autres, les êtres humains seront, pour ceux qui les achèteront (car ils se vendront), des produits de consommation, abandonnés par leurs acheteurs à des orphelinats, revendeurs d'occasion ou jetés à la rue dès qu'un modèle nouveau viendra exciter le désir. Poussée à s'artificialiser par son désir d'immortalité, d'hédonisme éternel, l'humanité deviendra ainsi une juxtaposition d'artefacts narcissiques, déjà si bien décrit en 1932 dans *Le Meilleur des mondes* par Aldous Huxley.

L'art lui-même participera au premier rang à cette évolution, point ultime de l'occidentalisation du monde : on traitera, on traite déjà, les corps humains comme des éléments d'œuvres d'art, utilisant des danseurs, puis des hologrammes, puis des clones dans des spectacles « vivants ».

Puis la génétique sera utilisée par des artistes pour produire des chimères, mi-homme, mi-animaux, mi-végétaux, mi-matériaux.

Il est bien difficile de concevoir qu'on puisse s'opposer à cette hypermodernité : il suffira qu'il soit possible de le faire pour que cela devienne licite quelque part. Les « hypernomades », nouvelle élite financière et culturelle, à la recherche de leur immortalité et de sensations toujours plus fortes, les financeront.

Plus tard, la manifestation matérielle de l'humanité sera même secondaire. Elle deviendra virtuelle, pure conscience, pure abstraction. Y compris dans ses sensations les plus physiques. Dont la sexualité. À terme, on ira jusqu'au projet de téléportation des consciences ; retrouvant ainsi, par les sciences, les très anciennes croyances en la réincarnation. Cela ouvre déjà des perspectives vertigineuses aux artistes qui y retrouveront les fondements transcendants de l'inspiration.

Quand ce genre d'évolution commencera à se réaliser, beaucoup n'en accepteront pas les conséquences sur la démocratie, sur l'évolution climatique, sur le mal-être d'une société qui ne sera plus faite que de mercenaires déloyaux ; et moins encore les conséquences sur la transformation de l'être humain en un artefact génétique, sur la nature même de la vie et du projet humain. Des révoltes auront lieu contre cette expansion suicidaire de la modernité de la Raison.

L'hypermodernité réagira elle-même à ces grondements : pour pallier l'absence de démocratie et de lois, le marché mondial imposera une règle de droit privée et des normes internationales ; l'hypermodernité n'aura pas besoin de gouvernements nationaux, sinon celui des villes. Elle aura des polices et des prisons privées pour faire respecter ces droits. Pour pallier les menaces de déloyauté, et maîtriser la criminalité, des firmes vendront les moyens de surveiller chacun jusque dans ses arrière-pensées ; pour prévenir les actes délictueux avant même d'avoir à les punir. Pour le plus grand bénéfice d'une minorité de plus en plus restreinte. Pour pallier les dérèglements climatiques, on ira jusqu'à chercher à climatiser la planète, et à imposer le végétérianisme.

A priori, personne ne pourra plus alors s'opposer à l'hypermodernité, qui prétendra donner aux neuf milliards d'habitants de la planète un niveau de vie et une liberté politique et personnelle égale ou supérieure à celle de l'Occident d'aujourd'hui.

Bien des problèmes resteront cependant sans réponses : comment permettre à l'humanité de définir et de protéger le sanctuaire de son identité ? Comment poser les barrières qui lui permettront de ne pas la transformer en une collection d'artefacts producteurs d'artefacts ? Comment en obtenir que tout cela ne conduise pas à la disparition de l'espèce humaine, au nom de sa liberté ?

Alors, contre cette dynamique suicidaire de l'occidentalisation et de la raison triomphantes, plusieurs forces nouvelles, ou très anciennes, se manifesteront. Idéologiquement. Politiquement. Violemment. Elles tenteront de donner un nouveau (ou très ancien) sens à l'avenir, c'est-à-dire un sens nouveau (ou très ancien) à la modernité. Elles sont déjà à l'œuvre, comme le furent très longtemps à l'avance, les autres modernités.

L'amodernité

La première de ces six autres formes de modernité est celle que nous connaissons déjà sous le nom de

« contemporain » ; elle consiste et consistera à nier la nécessité même de penser l'avenir. Parce qu'on le dira définitivement imprévisible, influencé par trop de facteurs. De fait, il est déjà, et il sera de plus en plus difficile de prédire les innovations techniques, les découvertes scientifiques, les révolutions politiques et toutes les tendances de l'évolution du monde, dont les dimensions seront davantage interconnectées. On avancera alors volontairement à l'aveuglette. Minimisant la probabilité du schéma de l'hypermodernité tel que je le décris, pour ne pas en avoir peur.

Les prolégomènes de cette future modernité se préparent depuis longtemps. En particulier dans le monde contemporain, qui en est le prélude : il annonce l'amodernité.

Les dirigeants politiques et d'entreprises seront, plus encore qu'aujourd'hui, soumis à des contraintes immédiates. Ils seront remplaçables à chaque instant par les votes électroniques permanents des électeurs et des actionnaires. Un nombre croissant d'individus, surtout des jeunes, renonceront alors à penser l'avenir, à le préparer, pour ne vivre que dans le présent. Ils n'épargneront plus. Ils n'auront plus d'enfants. Comme toujours, cette expansion de l'individualisme, cette tyrannie de l'instant exigera des moyens croissants de contrôles sociaux.

Naturellement, une telle attitude sera difficilement durable. Elle entraînera en effet elle aussi, des catastrophes climatiques, démographiques, économiques et sociales, auxquelles il sera difficile d'échapper sans remettre en cause la démocratie. On se rendra compte alors que l'amodernité n'est qu'une façon d'avancer en aveugle vers l'hypermodernité, qui reviendra comme un projet explicite.

La rétromodernité

Affolés par cette évolution, une partie des habitants de la planète préférera chercher à vivre selon des conceptions du passé ; revenant au moment où les sociétés étaient stables, disposaient d'une puissance et d'une confiance dans leur pérennité : le moderne sera le nostalgique.

Sans doute fixera-t-on, en Occident au moins, l'époque idéale autour du moment où la société occidentale était au sommet de son pouvoir : à la fin des années 1960, juste après 1968 et avant la première crise pétrolière.

Certaines élites d'aujourd'hui, ayant été jeunes à ces dates, où s'en souvenant par leurs parents, glorifient et glorifieront les valeurs, les œuvres et les artistes de cette période. Être moderne, ce sera être rétro. Vivre, s'habiller comme dans le passé sera à la mode.

Les prolégomènes de cette future modernité se préparent depuis longtemps : dans la nostalgie musicale qui remet à la mode les musiques des années soixante, partout à travers le monde. Dans les valeurs d'un syncrétisme oriental.

La rétromodernité valorisera le mariage classique, la famille traditionnelle, le refus du risque et de l'innovation, la stabilité des contrats, la loyauté, la fidélité, la constance, sans pour autant se fonder sur des valeurs religieuses.

Mais la rétromodernité ne sera pas durable. Elle se traduira par un ralentissement de la productivité, de la croissance et de l'emploi. Comme la société rétromoderne ne pourra pas repousser longtemps les avancées de la science médicale, ni ce que la distraction apportera, ni s'opposer à la dictature de la productivité qui continuera d'être imposée par la concurrence sur les marchés, on en reviendra à l'évolution vers l'hypermodernité, après cette parenthèse rétromoderne.

L'ethnomodernité

Une autre réaction pourrait être, sera – est déjà –, une crispation contre la mondialisation, le nomadisme et le métissage qu'impliquent l'hypermodernité. Sera alors moderne ce qui permettra de retourner vers des valeurs identitaires et de fermer des frontières. D'abord culturelles ou linguistiques. Puis économiques, politiques et ethniques.

On le voit dès à présent dans les discours protectionnistes et nationalistes, qui surgissent partout dans le monde, même dans les pays les plus bénéficiaires de la mondialisation comme la France. On le voit aussi dans le domaine de l'art, où les acheteurs des nations émergentes privilégient les artistes de leurs pays et font la chasse aux trésors anciens de leurs cultures, disséminés sur la planète.

Être moderne sera de plus en plus acheter des produits locaux, ne parler que sa langue, ne pas voyager, chasser les immigrants.

Les prolégomènes de cette future modernité sont depuis longtemps en germe. Ils s'expriment dans les idéologies et partis extrémistes d'Europe qui s'approchent de plus en plus du pouvoir. Dans le refus de la présence d'étrangers en Europe par la mise en cause des accords de Schengen. Dans le Tea Party américain. Et aussi dans les désirs de fragmentation d'un grand nombre d'États. C'est en particulier ce qui se joue dans le séparatisme de certaines régions d'Afrique, de l'Europe ou dans quelques États de l'Union indienne (qui peut conduire, pour commencer, à la diviser en plus de cinquante États).

Cela mènerait à une fragmentation générale des nations et à d'immenses mouvements de populations. Plus encore, on peut imaginer qu'être moderne sera alors d'être « ethniquement pur », avec toutes les conséquences dont on a déjà vécu les ravages. Avec des moyens nouveaux pour contrôler et faire respecter cette folle exigence. On en viendra à remplacer la carte d'identité par une carte génétique, qui prétendra mesurer le degré de pureté génétique.

Là encore, la démocratie ne sera plus moderne : l'ethnomodernité ne sera pas compatible avec les libertés individuelles et elle se traduira par un ralentissement de la productivité, de la croissance et de l'emploi. Comme la liberté restera une revendication irrépressible, l'ethnomodernité ne sera pas un modèle durable. Et l'on reviendra à l'hypermodernité, après cette parenthèse ethnomoderne.

La théomodernité

Devant cette faillite potentielle de la raison, de l'occidentalisation et de la démocratie de marché, devant les menaces de l'hypermodernité, devant la tyrannie du neuf et du précaire, la conception religieuse de la modernité, celle de la Foi, pourra retrouver, pour de vastes populations, un attrait plus grand encore qu'aujourd'hui. Pour eux, les droits de la vérité révélée devront toujours l'emporter sur les droits de la conscience et de la raison. On en reviendra alors à la modernité de la Foi.

Déjà, bien des groupes chrétiens n'admettent ni la théorie de l'évolution conduisant à la naissance de l'espèce humaine ni les découvertes des astrophysiciens sur la création de l'univers ; ils refusent toutes les conséquences de la démocratie de marché sur les mœurs (en particulier la légalisation du divorce, de l'homosexualité, de l'avortement, du mariage homosexuel) ; ils s'opposent aux recherches sur les cellules souches, et à ce qui en découlera, comme les organes artificiels et le clonage. Ils refuseront aussi toutes les autres dimensions de l'hypermodernité dont il a été question plus haut et dont ils ne discernent pas encore toute l'ampleur. On peut donc s'attendre à voir des foules de plus en plus nombreuses, en Occident et dans le reste du monde chrétien, en particulier en Amérique latine et en Afrique, refuser l'hypermodernité à venir et la démocratie de marché qui la prépare.

Cela pourrait avoir des conséquences considérables. La démocratie américaine, déjà très influencée par les valeurs chrétiennes (on prie de plus en plus dans la plupart des écoles) et le sera encore davantage avec l'hispanisation, pourrait alors être mise en danger par les exigences de la Foi. La dictature (qu'Alexis de Tocqueville craignait de voir surgir aux États-Unis d'Amérique par leur excessive uniformisation) pourrait alors s'installer à Washington sous forme d'une théocratie chrétienne refusant toutes les dimensions de l'hypermodernité.

De même, dans l'islam, on voit aussi revenir la conception théocratique de la modernité. La civilisation arabo-musulmane a contribué, on l'a vu, considérablement jusqu'au XIIe siècle, au développement des connaissances scientifiques ; de nombreux pays musulmans acceptent aujourd'hui, au moins en principe, un État de droit fondé sur le contrat social, la séparation de l'État et du pouvoir religieux, la laïcité et le droit à la liberté religieuse. Mais l'attitude de l'islam à l'égard de la démocratie de marché est encore, pour l'essentiel, assez proche de celle de l'Église catholique au moment du *Syllabus* de Pie IX, en 1864, c'est-à-dire un refus de toute modernité de la Raison.

Cet islam reproche, et reprochera plus encore, à l'Occident d'avoir exalté les droits de l'homme au détriment des droits de Dieu. Pour ces autorités islamiques, sera moderne ce qui combattra l'Occident, et tout ce qu'il a apporté, de la colonisation à la libération des mœurs, de la libération de la femme à la recréation de l'État d'Israël, incarnation paroxystique, selon eux, de la conception occidentale de la modernité. Par exemple, pour les Frères musulmans d'Égypte, sera moderne ce qui se rapprochera de la création d'un État islamique et de l'islamisation de la société et de ses institutions sociales, juridiques et politiques. Ils en feront un nouvel universalisme et prôneront l'application de la charia sur la planète entière. Dans tous les pays où ils prendront le pouvoir, ils réprimeront le droit des femmes, l'accès au savoir scientifique, et toute forme d'opposition. Ainsi l'ont-ils fait récemment, par exemple, lors de leur bref passage au pouvoir en Égypte.

Dans une très large partie du globe (et surtout si l'hypermodernité menace d'aller à son terme en Occident, donnant le spectacle de la remise en cause la nature même de l'espèce humaine), cette conception théomoderne l'emportera. Par la terreur ou par les élections, des théocraties imposeront une conception de la modernité totalement soumise aux prescriptions religieuses, pires encore que celles du premier millénaire de notre ère. Même au prix d'un ralentissement de la productivité, de la croissance et de l'emploi. Naturellement, la démocratie n'y survivra pas et les peuples finiront par le refuser. Plus tard, et pour cette raison, la théomodernité échouera, on reviendra dans ces pays comme ailleurs à l'hypermodernité.

L'écomodernité

Une sixième conception de la modernité peut aussi, comme la précédente, partir d'un refus de l'hypermodernité, et d'une recherche d'un autre avenir ; mais sans pour autant passer par le religieux. En particulier, la prise de conscience des terrifiantes conséquences de l'hypermodernité sur les dérèglements climatiques et sur la nature du vivant peut entraîner des réactions brutales, pour en refuser la logique. Ne serait alors moderne que ce qui participerait à la naissance d'un monde écologiquement durable, même au détriment des libertés individuelles et de la démocratie.

Ce projet d'avenir, visant à préserver la faune, la flore et les milieux naturels n'est pas nouveau. Il s'est imposé à certains, bien avant le développement de l'écologie scientifique ; on peut en suivre la trace depuis au moins le XIVe siècle. Par exemple, dès 1392, en Sardaigne, Éléonore d'Arborée inclut la protection des rapaces dans le premier Code civil, la *Carta de Logu*, resté en vigueur jusqu'en 1827. En 1866, dans son ouvrage *Generelle Morphologie der Organismen*, le naturaliste allemand Ernst Haeckel invente le mot « écologie » qu'il définit comme « la science de l'économie, des habitudes, du mode de vie, des rapports vitaux externes des organismes ». En 1872, est créé aux États-Unis le premier parc national, celui de Yellowstone. En France en 1912, la Ligue française pour la protection des oiseaux sanctuarise la première réserve naturelle importante, celle des Sept-Îles au large de Perros-Guirec. En 1927, est créée la réserve naturelle de Camargue, à l'instigation de la Société nationale de protection de la nature. Dans les années 1930, le terme « ecology » entre dans le titre de plusieurs revues (*Ecology, Journal of Ecology*). Un botaniste anglais, George Tansley, propose en 1935 le concept d'« écosystème ». Aux États-Unis, la prise de conscience écologiste date du début des années 1960, avec le best-seller de la biologiste Rachel Carson (*Silent Spring*, 1962) qui alerte sur les dangers des pesticides. La guerre du Viêtnam, à l'origine de dégradations durables des systèmes naturels et agricoles, accentue les inquiétudes et les préoccupations.

L'écologie politique contredit donc depuis longtemps la conception occidentale de la modernité, en s'opposant à l'usage de l'énergie, à la consommation, au productivisme. Pour les écologistes, l'automobile, l'avion, l'agriculture industrielle, la consommation de viande ne sont pas modernes.

Les écomodernes penseront que l'hypermodernité ne sera pas moderne parce qu'elle détruira encore l'environnement et artificialisera la vie.

Dans cette logique, une tout autre modernité, une écomodernité, se donnera comme projet de privilégier tout ce qui permet la préservation de la nature, même si cela remet en cause l'économie de marché, la démocratie et les libertés individuelles. Même au prix d'un ralentissement de la productivité, de la croissance et de l'emploi.

Il alors sera moderne de vivre de façon frugale, de ne pas consommer d'énergie, de ne pas gaspiller d'eau, d'être lent, de préférer la communication à distance que le voyage. L'écomodernité passera par des interdits : on proscrira l'usage de la voiture, de l'avion et la consommation de viande.

Pour l'instant, aucun parti écologique ne propose encore de remettre ainsi en cause la démocratie. Mais, devant l'aggravation prévisible des désordres écologiques planétaires et le tsunami de l'hypermodernité, sans doute faut-il s'attendre à une telle remise en cause, au nom de la protection des intérêts à long terme de l'humanité. Comme l'ont fait, en Union soviétique ou dans les autres dictatures, ceux qui ont aboli la démocratie, au nom des intérêts supérieurs de la classe ouvrière.

Au total, ces cinq premières réponses à l'hypermodernité sont donc incompatibles avec la démocratie et les droits de l'homme. Elles ont toutes comme projet d'avenir une société totalitaire où l'art n'aura plus sa place.

Rien de tout cela n'est satisfaisant : comment trouver le bonheur si l'avenir suppose soit la fin de l'espèce humaine soit la renonciation à la démocratie ?

Il faut espérer en une septième conception de la modernité, moins orgueilleuse que celle des Lumières, capable de protéger la démocratie et de maintenir la diversité des cultures et des individus.

Altermodernité, ou la modernité de l'altruisme

Une septième conception de l'avenir pourrait répondre à ces défis, l'altermodernité. Elle suppose une grande hauteur de vue, et une réflexion très approfondie sur les enjeux du moment. Elle est fondée sur l'altruisme, en particulier à l'égard des générations futures. Elle fait du bonheur de l'autre la condition du sien. C'est à mon sens la seule modernité viable à long terme. Et aussi la seule compatible avec la démocratie. Elle rassemble des dimensions des trois modernités précédentes, celles de l'Être, la Foi et la Raison.

Cette future modernité se prépare depuis longtemps. La Torah explique en effet que nul ne peut être heureux si les autres ne le sont pas avant lui ; et qu'il faut aimer son prochain comme soi-même. Les textes grecs détaillent les exigences de l'empathie comme condition de la plénitude de l'Être. Les sagesses indiennes rejoignent ici le monde judéo-grec. Et on retrouve aussi l'altruisme comme fondement du christianisme repris du Lévitique.

Plus récemment, l'altermodernité est évoquée par Adam Smith et tous les théoriciens de la modernité de la Raison : il est rationnel, selon eux, pour un marchand d'être altruiste afin de vendre ses produits. On retrouve plus récemment l'altermodernité dans le développement des réseaux auxquels chacun a intérêt à ce que les autres soient connectés. On la retrouve dans la microfinance, le commerce équitable, les fonds socialement responsables ; la prise de conscience par les entreprises de leurs responsabilités sociales et écologiques. On la retrouve aussi dans la finalité des ONG, dont l'altruisme est la raison d'être, et qui attire un nombre croissant de jeunes ; et plus généralement, dans la prise de conscience de l'interdépendance des destins, sur une planète devenue un village global.

À l'avenir, chacun aura de plus en plus intérêt à ce que les autres soient connectés aux mêmes réseaux que lui : le bonheur viendra plus du nombre de personnes avec qui chacun est en lien que du nombre d'objets possédés. Chacun aura aussi intérêt à ce que les autres, en particulier les générations futures, soient bien soignés, pour ne pas être contagieux. Qu'ils ne soient pas pauvres, pour consommer les produits mis sur le marché. Qu'ils soient éduqués, pour participer à l'économie des réseaux. Qu'ils disposent des mêmes objets nomades, pour pouvoir échanger. L'« altruisme rationnel » ou « altruisme intéressé » se développera. Beaucoup comprendront que les générations suivantes lui seront utiles et financeront au moins sa retraite. Les divers acteurs de l'économie (les États, les entreprises, les consommateurs, les salariés) auront alors intérêt à se conduire de façon positive, c'est-à-dire à fonder leurs décisions sur des exigences de long terme. À ne pas détruire l'environnement, à former équitablement les jeunes, à ne pas se laisser glisser sur la pente de l'artificialisation du monde. Le partage du savoir sera accepté comme une dimension de l'altruisme rationnel.

Au-delà, pourra apparaître un « altruisme désintéressé » où chacun comprendra que le bonheur de l'autre, même s'il ne lui est pas utile, peut aussi contribuer à son propre bonheur. Qu'être altruiste, même de façon désintéressée, est en soi gratifiant parce que cela rend plus heureux, plus ouvert, plus intelligent même. On essaiera non plus de plaire à l'autre, mais de faire plaisir à l'autre, ce qui est totalement différent. Et l'on tentera de laisser un meilleur souvenir aux générations suivantes. Il ne sera plus moderne d'être individualiste. Il ne sera plus moderne d'accumuler.

L'entreprise deviendra altruiste, et l'empathie en sera l'instrument. Le végétalisme sera moderne, parce qu'altruiste. On enseignera aux enfants l'empathie et non la concurrence. On comprendra, grâce aux neurosciences, que l'altruisme est un facteur de bonne santé. On s'habillera non pour plaire à l'autre mais pour faire plaisir à l'autre. Pour le mettre en valeur. Les mœurs deviendront altruistes, c'est-à-dire qu'on acceptera que l'autre soit heureux, même sans nous.

L'art deviendra altruiste : une œuvre d'art sera un acte, un objet, une situation, une création donnant envie d'être altruiste et d'apprécier l'altruisme. Tout cela reste à inventer. Il n'existe que très peu d'œuvres de la sorte, sinon quelques exemples comme Olafur Eliasson et son *Little Sun* ou Naziha Mestaoui et son *One Beat One Tree*.

Il ne sera plus moderne de penser à l'immortalité comme un fantasme personnel, mais comme un enjeu pour épargner de la peine à d'autres. La modernité sera alors d'aller vers une pleine conscience de soi, avec une plus grande capacité à se concentrer et à donner, pour créer et recevoir d'avantage.

Telle est la seule issue positive du piège dans lequel l'espèce humaine s'est engagée depuis qu'elle a décidé de prendre son destin en main et de ne plus se contenter d'un monde répétitif – depuis la modernité de l'Être. Lorsque les hommes ont décidé de céder aux formidables promesses de la liberté individuelle, de la concurrence et de la productivité.

Il faut avoir le courage de s'y engager. D'urgence, de façon volontaire, lucide et libre. De rassembler les valeurs des trois modernités précédentes, l'Être, la Foi et la Raison en une seule, pour en bâtir une quatrième.

Si on n'entreprend pas ce changement démocratiquement, bien des dimensions de l'altermodernité surgiront sous une des formes totalitaires de la modernité. L'altruisme sera alors caricaturé par des sectes et des dictatures. Qui prendront le pouvoir et imposeront leurs lois totalitaires au nom de la fraternité.

Ce ne serait pas la première fois qu'une nouvelle modernité apparaîtrait d'abord sous un travestissement dictatorial : l'État protecteur, on l'a vu, est né sous trois formes totalitaires, le socialisme d'État, le fascisme et le national-socialisme, avant de resurgir dans l'Amérique de Roosevelt.

Si on veut éviter ce détour et passer directement de la modernité contemporaine à la modernité altruiste, il faudra s'appuyer sur les valeurs de l'Être, de la Foi et de la Raison.

Comment y parvenir ? En comprenant les risques mortels des autres formes de l'avenir.

On pourra alors faire de l'altruisme le vrai moteur de l'Histoire par la pratique quotidienne de l'empathie, pour en imposer l'évidence. On conservera la démocratie en la faisant vivre, à chaque seconde, comme un élément nécessaire à la survie de l'espèce humaine.

L'art, plus qu'aucune autre activité, aidera à nous convaincre de l'urgence. C'est sa grandeur et ce sera sa responsabilité, parce qu'il est à l'avant-garde de toutes les audaces.

Telle est l'ambition du seul projet d'avenir qui vaille, héritier de ceux qui le précèdent, et sur lequel je veux lancer un débat avec chaque lecteur de ce livre.

Bibliographie

Ouvrages

Adorno, Theodor, et Horkheimer, Max, *La Dialectique de la raison* (1974), Gallimard, 1983.

Antioche, Adhémar, comte d', *Châteaubriand ambassadeur à Londres (1822), d'après ses dépêches inédites*, Perrin et Cie, 1912.

Ardenne, Paul, *Art. L'âge contemporain*, Éd. Du Regard, 1997.

Arendt, Hannah, *La Condition de l'homme moderne* (1958), Pocket, 2002.

Arendt, Hannah, *Essai sur la révolution*, Gallimard, 1963, chap. IV « Première fondation : constitutio libertatis ».

Aristophane, *Les Grenouilles*, Les Belles-Lettres, 2009.

Aron, Raymond, *Les Désillusions du progrès. Essai sur la dialectique de la modernité*, Calmann-Lévy, 1969.

Attali, Jacques, *Une brève histoire de l'avenir*, Fayard, 2006.

Asimov, Isaac, *Fondation* (1951), Gallimard, coll. « Folio», 2009.

Bacon, Francis, *Novum Organum* (1620), PUF, 2010.

Balandier, Georges, *Le Détour. Pouvoir et modernité*, Fayard, 1985.

Balzac, Honoré de, *Le Centenaire ou les Deux Beringheld*, in *Premiers romans (1822-1825)*, Robert Laffont, coll. « Bouquins », 1999.

Baudelaire, Charles, *Salon de 1846* (1855), Clarendon Press, 1975.

Baudelaire, Charles, *Le Peintre de la vie moderne* (1859), Éd. du Sandre, 2009.

Beck, Ulrich, *La Société du risque* (1986), Flammarion, 2003.

Blackmore, Richard, *Essays upon Several Subjects* (1716), t. 1, George Olms Publishers, 1976.

Blanc, Charles, *Histoire des peintres de toutes les époques*, Librairie Renouard, 1875.

Blumenberg, Hans, *La Légitimité des temps modernes*, Gallimard, 1999.

Boccalini, Trajano, *Ragguagli del Parnasso*, 1612, traduit de l'italien par Th. de Fougasses, Adrian Perier, 1615.

Bradbury, Malcolm, et McFarlane, James, *Modernism. A Guide to European Literature. 1890-1930*, Penguin Books, 1978.

Brune, François, *Le Bonheur conforme*, essai sur la normalisation publicitaire, Gallimard, 1985.

Burton, Robert, *Anatomie de la mélancolie* (1621), Gallimard, 2005.

Les Cahiers du musée national d'Art moderne, *Moderne, modernité, modernisme*, n° 19-20, juin 1987 ; *Après le modernisme*, n° 22, décembre 1987.

Canto-Sperber, Monique (sous la direction de), *Friedrich Nietzsche. Dictionnaire d'éthique et de philosophie morale*, t. 2, PUF, 2004.

Carson, Rachel, *Printemps silencieux* (1962), Wildproject, 2009.

Cassirer, Ernst, *La Philosophie des Lumières*, Fayard, 1932.

Cazelles, Brigitte, et Méla, Jacques, *Modernité au Moyen Âge. Le défi du passé*, Droz, 1990.

Charfi, Abdelmajid, *La Pensée islamique, rupture et fidélité*, Albin Michel, 2008.

Chateaubriand, François-René, *Mémoires d'outre-tombe*, t. 1, livre 9, Penaud Frères, 1850.

Chesneaux, Jean, *De la modernité*, La Découverte-Maspero, coll. « Cahiers libres », 1983.

Compagnon, Antoine, *Les Cinq Paradoxes de la modernité*, Seuil, 1990.

Compagnon, Antoine, *Les Antimodernes*, Gallimard, 2005.

Conches, Guillaume de, *Commentarius in Timaeum.*

Conio, Gérard, *L'Art contre les masses. Esthétiques et idéologies de la modernité*, L'Âge d'homme, 2003.

Conseil économique, social et environnemental, *1968-2008. Les Défis de l'immigration future*, 2003 ; *Évolution et prospective de la place des femmes dans la société française*, 2009.

Constant, Benjamin, *Les Constitutions de la France depuis 1789* (1799), Flammarion, 1979, chap. 1.

Constant, Benjamin, *Principes de politique applicables à tous les gouvernements représentatifs*, manuscrit rédigé entre 1806 et 1810 resté inédit jusqu'en 1980, Hachette Littératures, 1997.

Constant, Benjamin, *De la liberté des Anciens comparée à celle des Modernes* (1819), Charpentier, 1874.

Cooper, Frederick, *Le Colonialisme en question* (2005), Payot, 2010.

Cruce, Emeric, *Le Nouveau Cynée ou Discours des occasions et moyens d'établir une paix générale et la liberté du commerce par tout le monde*, 1643.

Cunningham, Patricia A., *Reforming Woman's Fashion (1850-1920). Politics, Health and Art*, Kent University Press, 2003.

Dagen, Philippe, *La Haine de l'art*, Grasset, 1997.

Danto, Arthur, *The Madonna of the Future. Essays in a Pluralistic Art World*, First Edition, 2000.

Danto, Arthur, *L'Art contemporain et la clôture de l'histoire*, Seuil, 2000.

Delevoy, Robert, *Dimensions du XXe siècle*, Skira, 1965.

Descartes, René, *Règles pour la direction de l'esprit* (1629), Livre de poche, 2002.

Descartes, René, *Discours de la méthode* (1637), Flammarion, 2000.

Descartes, René, *Méditations métaphysiques* (1641), Flammarion, 2009.

Domenach, Jean-Marie, *Approches de la modernité*, Ellipses, 1995.

Duby, Georges, *L'Économie rurale et la vie des campagnes dans l'Occident médiéval*, Aubier, 1962.

Eksteins, Modris, *Rites of Spring. The Great War and the Birth of the Modern Age*, Bantam Press, 1989.

Emerson, Ralph Waldo, *The American Scholar*, 1837.

Érasme, *Traité de civilité puérile* (1530), Mille et une Nuits, 2001.

Eysteinsson, Astradur, *The Concept of Modernism*, Cornell University Press, 1992.

Fontenelle, Bernard de, *Entretiens sur la pluralité des mondes*, 1686.

Fontenelle, Bernard de, *Digression sur les Anciens et les Modernes*, 1688.

Fontenelle, Bernard de, *De l'origine des fables*, 1724.

Foucault, Michel, *Surveiller et punir*, Gallimard, 1975.

Fouquet, Claude, *Histoire critique de la modernité*, L'Harmattan, 2007.

François, Stéphane, *L'Écologie politique : une vision du monde réactionnaire ?*, Cerf, 2012.

Fukuyama, Francis, *La Fin de l'histoire et le Dernier Homme*, Flammarion, 1992.

Galtier, Jacques, *Protestants en révolution*, Labor et Fides, 1989.

Gandillac, Maurice de, *Genèses de la modernité. De la « Cité de Dieu » à la « Nouvelle Atlantide »*, Cerf, 1992.

Gauchet, Marcel, « La droite et la gauche », in *Les Lieux de mémoire, t. 3 Les France, vol. 1. Conflits et partages*, sous la direction de Pierre Nora, Gallimard, 1997.

Gautier, Théophile, *Honoré de Balzac* (1858), Nabu Press, 2009.

Granville Geo, *Ode on the Present Corruption of Mankind in Works of the British Poets*, Edimburgh, 1793.

Giddens, Anthony, *Les Conséquences de la modernité*, (1990), L'Harmattan, 1994.

Girard, René, et Vattimo, Gianni, *Christianisme et modernité*, Flammarion, 2009.

Grimal, Pierre, *La Civilisation romaine*, Arthaud, 1984, chap. viii « Rome, reine des villes ».

Habermas Jürgen, *Le Discours philosophique de la modernité* (1985), Gallimard, 1990.

Haeckel, Ernst, *Generelle Morphologie der Organismen*, Reimer, 1866.

Hegel, Georg Wilhelm Friedrich, *La Phénoménologie de l'esprit*, 1807.

Heidegger, Martin, *La Question de la technique* (1953), Gallimard, 1958.

Heidegger, Martin, *Questions III et IV* (1966-1976), Gallimard, 1990.

Heinlein, Robert, *Stranger in a Strange Land* (1961), *En terre étrangère*, Robert Laffont, 1999.

Hélias, Pierre-Jakez, *Le Cheval d'orgueil*, Plon, coll. « Terre humaine », 1975.

Histoire de la vie privée, sous la direction de Philippe Ariès et Georges Duby : t. IV *De la Révolution à la Grande Guerre* ; t. V *De la Première Guerre mondiale à nos jours*, Seuil, 1987 et 1999.

Histoire des mœurs, sous la direction de Jean Poirier, *Encyclopédie de La Pléiade* : t. I *Les coordonnées de l'homme et la culture matérielle ;* t. II *Modes et modèles* ; t. III *Thèmes et systèmes culturels*, La Pléiade, 1991 et 1993.

Hobbes, Thomas, *Léviathan* (1651), Folio, 2000.

Hugo, Victor, *La Fin de Satan* (1886), Gallimard, 1984.

Huxley, Aldous, *Le Meilleur des mondes*, Plon, 1932.

Jencks, Charles, *Le Langage de l'architecture postmoderne* (1977), Denoël, 1979.

Jimenez, Marc, *La Querelle de l'art contemporain*, Folio Essais, 2005.

Jünger, Ernst, *Orages d'acier* (1920), Christian Bourgois, 1995.

Jünger, Ernst, *La Mobilisation totale* (1931), Gallimard, 1990.

Jünger, Ernst, *Le Travailleur* (1932), Christian Bourgois, 2001.

Kant, Emmanuel, *Idée d'une histoire universelle d'un point de vue cosmopolite*, 1784.

Kant, Emmanuel, *Réponse à la question : qu'est-ce que les Lumières ?*, 1784.

Kant, Emmanuel, *Projet de paix perpétuelle*, 1795.

Kojève, Alexandre, *Introduction à la lecture de Hegel*, Gallimard, 1980.

Koselleck, Reinhart, *Le Futur passé. Contribution à la sémantique des temps historiques* (1979), EHESS, 2000.

Krier, Léon, *Cities within the City*, Tokyo, 1977.

Kurzweil, Ray, et Grossman, Terry, *Serons-nous immortels ?*, Dunod, 2006.

Lafargue, Paul, *Le Droit à la paresse* (1883), Mille et une Nuits, 2000.

Lancellotti, Secondo, *Hoggidi* (1623), T. Pepingué, 1631.

Latour, Bruno, *Nous n'avons jamais été modernes. Essai d'anthropologie symétrique* (1991), La Découverte, 2006.

Latour, Bruno, *Enquête sur les modes d'existence. Une anthropologie des Modernes*, La Découverte, 2012.

Le Breton, André, *Balzac, l'homme et l'œuvre*, Librairie Armand Colin, 1905.

Lejeune, Philippe, « Rapport moral de Taylor », *Revue de la Fondation du baron Taylor*, juillet 2006.

Leroi-Gourhan, André, *Milieu et techniques*, Albin Michel, 1973.

Lévi-Strauss, Claude, *L'Homme nu* (1971), Plon, 2009.

Lévi-Strauss, Claude, *Tristes tropiques*, Plon, 1973.

Lipovetsky, Gilles, *Les Temps hypermodernes*, Grasset, 2004.

Locke, John, *Le Second Traité du gouvernement* (1690), PUF, 1994.

Lulle, Raymond, *Doctrina pueril*, Klincksieck, 1969.

Lyotard, Jean-François, *La Condition postmoderne*, Éd. de Minuit, 1979.

Lyotard, Jean-François, *Moralités postmodernes*, Galilée, 1993.

Maïmonide, Rambam, *Michné Torah* (1170-1180), Moznaïm – L'Arche du livre, 1990.

Malebranche, Nicolas, *De la recherche de la vérité* (1674), André Pralard, 1675.

Marx, Karl, *Le Capital*, t. 2, livre 1, Maurice Lachâtre, 1872.

Mendes, Valérie, et La Haye, Amy de, *La Mode au XXe siècle*, Thames & Hudson, 2000.

Meschonnic, Henri, *Modernité*, Verdier, 1988.

Meschonnic, Henri, et Shigehiko Hasumi, *La Modernité après le post-moderne*, Maisonneuve et Larose, 2002.

Michaud, Louis Gabriel, *Biographie universelle, ancienne et moderne. Supplément*, Beck Libraire, 1847.

Monneret, Jean, *Salon des Indépendants. Catalogue raisonné*, Éric Koehler, 1999.

Montaigne, Michel de, *Essais* (1580), Larousse, 2008.

More, Thomas, *L'Utopie ou le Traité de la meilleure forme de gouvernement* (1516), Kessinger Publishing, 2009.

Moscovici, Serge, *L'Âge des foules*, Complexe, 1985.

Nietzsche, Friedrich, *Œuvres philosophiques complètes*, sous la direction de Maurice de Gandillac et Gilles Deleuze, Gallimard, 1967-1997 : *Ainsi parlait Zarathoustra*, in t. IV ; *Le Gai savoir*, in t. V ; *Par-delà le bien et le mal*, in t. VII ; *Ecce homo* in t. VIII ; *L'Antéchrist*, in t. VIII.

Nishitani, Osamu, « Repenser la “fin de l’Histoire”, la modernité et l’histoire », in *La Modernité après le post-moderne*, Maisonneuve et Larose, 2002.

Nouss, Alexis, *La Modernité*, PUF, coll. « Que sais-je ? », 1995.

O’Followell, Dr, *Le Corset*, A. Maloine, 1905.

Orwell, George, *1984* (1948), Gallimard, coll. « Folio », 1972.

Panikkar, K. M., *L’Asie et la domination occidentale du* XVe *siècle à nos jours*, Seuil, 1953.

Parmentier, Léon, *Euripide et Anaxagore*, Émile Bouillon, 1893.

Péguy, Charles, *L’Argent* (1913), Hærès Publishing, 2012.

Pelletan, Eugène, *Profession de foi du* XIXe *siècle*, Pagnerre, 1854.

Perrault, Charles, *Le Siècle de Louis le Grand* (1687), Hachette, 2013.

Perrault, Charles, *Contes* (1697), Livre de Poche, 2006.

Platon, *Protagoras*, Flammarion, 1997.

Plotin, *Ennéades*, La Bibliothèque digitale, 2012.

Pratique de la philosophie de A à Z, Hatier, 1994.

Rémond, René, *La République souveraine. La vie politique en France 1879-1939*, Fayard, 2002, chap. XIV, « Droite et gauche ».

Riding, Laura, et Graves, Robert, *A Survey of Modernist Poetry*, Heinemann, 1927.

Rochlitz, Rainer, *Subversion et subvention. Art contemporain et argumentation esthétique*, Gallimard, 1994.

Romilly, Jacqueline de, *La Modernité d'Euripide*, PUF, 1986.

Rosenberg, Harold, *La Tradition du nouveau*, Éd. de Minuit, 1962.

Rosenberg, Harold, *La Dé-définition de l'art*, Éd. Jacqueline Chambon, 1992.

Rousseau, Jean-Jacques, *Du contrat social ou Principes du droit politique*, 1762.

Rowe, Colin, *Mathématiques de la villa idéale et autres essais* (1976), Parenthèses, 2012.

Russell, Bertrand, *Éloge de l'oisiveté* (1932), Allia, 2002.

Russell, Bertrand, *De la fumisterie intellectuelle*, 1943.

Saint-Pierre, abbé de, *Discours sur la polysynodie*, Nabu Press, 2011.

Sénèque, *De otio*, Les Belles-Lettres, 1959.

Sloterdijk, Peter, *Critique de la raison cynique* (1983), Christian Bourgois, 1987.

Sorel, Albert, *L'Europe et la Révolution française*, Plon, 1903.

Souvenirs du lieutenant général comte Mathieu Dumas, de 1770 à 1836, Nabu Press, 2010.

Stendhal, *Mélanges d'art et de littérature*, Lévy, 1867.

Stendhal, *Racine et Shakespeare* (1823), Le Divan, 1928.

Stevenson, Robert Louis, *Une apologie des oisifs* (1877), Allia, 1999.

Swift, Jonathan, *La Bataille des livres*, Rivages, 2003.

Tassoni, Alessandro, *Ingegni antichi e moderni. Paragone degli ingegni antichi e moderni* (1620), Carabba, 2009.

Temple, William, *Essay upon Ancient and Modern Learning* (1692), Nabu Press, 2009.

Thévenin, René, et Coze, Paul, *Mœurs et histoire des Indiens peaux-rouges*, Payot, 1977.

Tocqueville, Alexis de, *De la démocratie en Amérique* (1835), t. 1, Flammarion, 1999.

Todorov, Tzvetan, *La Conquête de l'Amérique. La question de l'autre*, Seuil, 1982.

Touraine, Alain, *Critique de la modernité*, Fayard, 1992.

Turgot, Anne Robert Jacques, *Œuvres*, t. 2, Éd. Dupont de Nemours, 1844.

Tyssot de Patot, Simon, *Voyages et aventures de Jacques Massé*, 1710.

Vadé, Yves, *Ce que modernité veut dire*, Presses universitaires de Bordeaux, 1994.

Valéry, Paul, *Le Cimetière marin* (1920), Anagrammes, 2007.

Valéry, Paul, *La Conquête de l'ubiquité*, Gallimard, 1960.

Van Gulick, Robert, *La Vie sexuelle dans la Chine ancienne*, Gallimard, 1977.

Veblen, Thorstein, *La Théorie de la classe de loisir* (1899), Gallimard, 1970.

Venturi, Robert, *Complexity and Contradiction in Architecture*, Museum of Modern Art of New York, 1966.

Villey, Michel, *Le Droit et les Droits de l'homme*, PUF, 1983.

Villey, Michel, *La Formation de la pensée juridique moderne*, PUF, 2003.

Vinsauf, Geoffreoy de, *Documentum de modo et arte dictandi et versificandi*, Marquette University Press, 1968.

Weber, Max, *Le Savant et le Politique* (1919), 10/18, 2002.

Wilde, Oscar, *Aristote à l'heure du thé* (1877-1895), Grasset, coll. « Cahiers rouges », 2009.

Wolfe, Bernard, *Limbo* (1952), Le Livre de poche, 2001.

Wotton, William, *Réflexions sur le savoir des Antiques et des modernes*, 1694.

Yilmaz, Levent, *Le Temps moderne*, Gallimard, 2004.

Articles et discours

Balandier, Georges, « Tradition et modernité », in *Le Dictionnaire des sciences humaines*, sous la direction de Sylvie Mesure et Patrick Savidan, PUF, 2007.

Barat, Jean-Claude, « La notion de *modernism* dans la littérature américaine », *Modernités*, n° 5, Presses universitaires de Bordeaux, 1998.

Baudrillard, Jean, « Modernité », in *Encyclopaedia Universalis*, Vol. 4 *Sciences humaines*, 2005.

Baudrillard, Jean, « Le complot de l'art », *Libération*, 1996.

Buren, Daniel, entretien pour *L'Œil*, septembre 2011.

Carugo, Adriano, et Crombie, Alistair C., « Galilée et l'art de la rhétorique », *XVIIe siècle*, avril-juin 1989.

Charrue, Jean-Michel, « Note sur Plotin et la mystique », *Kernos*, 2003.

Dictionnaire historique de la Révolution française, sous la direction d'Albert Soboul, PUF, 2005, « Assemblée nationale constituante ».

Erler, Pierre, « Modernité, idéal, grande tradition dans la critique d'art de Baudelaire », in *L'Ancien et le Nouveau*, sous la direction de René Heyer, Presses universitaires de Strasbourg, 1996.

Fauré, Anne, « Le modernisme », *La Clé des langues*, ENS Lyon, 2007.

Le Fédéraliste, recueil de quatre-vingt cinq articles et essais de James Madison, Alexander Hamilton et John Jay publiés en vue d'une nouvelle Constitution (1787), Economica, 1988.

Forte, Jean-Jacques, « Nihilisme et modernité », in *L'Ancien et le Nouveau*, sous la direction de René Heyer, Presses universitaires de Strasbourg, 1996.

Fumaroli, Marc, « Les abeilles et les araignées », en préface de Lecocq, Anne-Marie, *La Querelle des Anciens et des Modernes*, Gallimard, 2012.

Haber, Stéphane, « Modernité, postmodernité et surmodernité », in *Le Dictionnaire des sciences humaines*, sous la direction de Sylvie Mesure et Patrick Savidan, PUF, 2007.

Harder, Yves-Jean, « Le sujet de la modernité », in *L'Ancien et le Nouveau*, sous la direction de René Heyer, Presses universitaires de Strasbourg, 1996.

Hudnut, Joseph, « The Post-modern House », in *Architecture and the Spirit of Man*, Harvard University Press, 1949.

Jean-Paul II, *Fides et ratio*, 1988.

Jencks, Charles, « The Rise of Post-modern Architecture » in *Theories and Manifestoes of Contemporary Architecture*, Wiley-Academy, 1997.

Kopp, Robert, « Baudelaire, mode et modernité », communication au XXXVIIe congrès de l'AIEF, juillet 1985.

Liucci, Nicolas, « Tensions entre mode et modernité », *Mode de recherche*, n° 9, janvier 2008, Centre de recherche de l'IFM.

Millet, Catherine, « Éditorial », *ArtPress*, n° 1, 1972.

Paquet, Claude, *Dieu maintenant*, accessible librement en ligne.

Pie IX, *Jamdudum cernimus*, 1861.

Programme des Nations unies pour le développement, « L'essor du Sud : le progrès humain dans un monde diversifié », *Rapport sur le développement humain*, 2013.

Raulet, Gérard, « La tradition et la modernité ? », in *Encyclopédie philosophique universelle*, t. 4, PUF, 1992.

Reynier, Christine, « Modernisme et fiction romanesque en Angleterre », *Modernités*, n° 5, Presses universitaires de Bordeaux, 1998.

Servoise, René, « K. M. Panikkar, l'Asie et la domination occidentale du XVe siècle à nos jours », *Politique étrangère*, vol. 21, nº 6, 1956.

Trow, George, « Within the Context of no Context », *The New Yorker*, 1980.

Vico, Giambattista, *De nostri temporis studiorum ratione*, 18 octobre 1708.

Wallenstein, Martha, « The Emergence of Fun Morality », *Journal of Social Issues*, vol. 7, nº 4, 1951.

Werkmeister, Jean, « Modernité et archaïsme du droit canonique », in *L'Ancien et le Nouveau*, sous la direction de René Heyer, Presses universitaires de Strasbourg, 1996.

Woolf, Virginia, *Le Roman moderne*, in *L'Art du roman*, Seuil, coll. « Points », 2009.

Yoyotte, Jean, « Vêtement », in *Dictionnaire de la civilisation égyptienne*, sous la direction de Georges Posener, Hazan, 1992.

Zola, Émile, « Le naturalisme au salon », *Le Voltaire*, 19 juin 1880.

Articles de l'*Encyclopédie Larousse*

« Art baroque » ; « Expressionnisme » ; « Humanisme » ; « Lacan, Jacques-Marie » ; « Swift, Jonathan » ; « Réalisme ».

Articles de l'*Encyclopædia Universalis*

« Fouriérisme » ; « Nietzsche, Friedrich » ; « Queneau, Raymond »

Articles de Wikipédia reposant sur des sources fiables

« Aquin, Thomas d' » ; « Averroès » ; « Chopin, Frédéric » ; « Créativité » ; « Crise de la conscience européenne » ; « Critique de la psychanalyse » ; « Décroissance (économie) » ; « Dystopie » ; « Eugénisme » ; « Ford, Henry » ; « Girardin, Émile de » ; « Hegel, Georg Wilhelm Friedrich » ; « Hergé » ; « Homo sapiens » ; « Huet, Pierre-Daniel » ; « Huxley, Julian » ; « Jefferson, Thomas » ; « Jésus de Nazareth » ; « La Douespe du Fougerais, Daniel François de » ; « Lettre à Ménécée » ; « Litote » ; « Livre de la Genèse » ; « Lobby » ; « Loi relative à la solidarité et au renouvellement urbain » ; « Malédiction de Cham » ; « Marx, Karl » ; « Nietzsche, Friedrich » ; « Nihilisme » ; « Origines de l'antisémitisme nazi » ; « Pape » ; « Pelletan, Eugène » ; « Réception de la pensée de Nietzsche » ; « Réforme protestante » ; « Régime de Vichy » ; « Religion » ; « Renaissance du XIIe siècle » ; « Renan, Ernest » ; « Représentation figurée dans les arts de l'Islam » ; « Saint-simonisme » ; « Société d'Ancien Régime » ; « Sociologie du droit » ; « Spinoza, Baruch » ; « Stendhal » ; « Transhumanisme » ; « Transition démographique » ; « Venturi, Robert ».

Remerciements

Je remercie Dorothée Cunéo, pour m'avoir suggéré d'écrire ce livre, pour ses conseils avisés et son travail éditorial.

Je remercie Dominique de Font-Réaulx qui a bien voulu relire une version préliminaire de ce manuscrit et m'ouvrir de nombreuses pistes.

Je remercie Bethsabée Attali pour sa recherche exigeante et ses suggestions sur l'art contemporain.

Je remercie Jane Auzenet et Laurine Moreau, pour leurs vérifications de mes sources et l'établissement de la bibliographie.

Enfin, je remercie Rachida Derouiche, Murielle Clairet, Marie-José Dinis et les correcteurs des jeux d'épreuves, pour avoir déchiffré les manuscrits de mes versions successives.

Toutes les erreurs sont miennes.

J'attends les commentaires de mes lecteurs à j@attali.com.

Table

N° d'édition : L.01EHQN000842.N001
Dépôt légal : mai 2015
Imprimé en Espagne par Novoprint (Barcelone)